平凡社新書
936

オペラで楽しむヨーロッパ史

加藤浩子
KATŌ HIROKO

HEIBONSHA

はじめに

オペラは、歴史の鏡である。

フランス革命も、ナポレオン戦争も、イタリアやドイツの統一も、歴史上の有名人も日本ブームも、オペラを見ればよくわかる。

オペラには、作品が生まれた時代が反映されている。モーツァルトもヴェルディもワーグナーもプッチーニも、多かれ少なかれ時代を投影した作品を書いた。とはいえ、生まれて数世紀経った今でも彼らの作品が上演されているのは、歴史を超えた普遍性があるからだが。

二〇一五年に、『オペラでわかるヨーロッパ史』（平凡社新書）という本を上梓させていただいた。いわゆる「歴史オペラ」をおもに扱った一冊だが、各オペラ作品に、作品がテーマとしている時代と作品が成立した時代という二重の歴史が反映されていることを意識した。幸い面白いと言ってくださる方が多く、版を重ねることができ、またその際取り上げそびれた作品もいろいろあったので、改めて「歴史とオペラ」をテーマに書き下ろしたのが本書である。結果として、『オペラでわかるヨーロッパ史』の続編というより、より大きな歴史の流れの中で、改めてオペラと歴史の関係をさぐった一冊になったと思っている。一作に集中した章もあるが、フランス革命からイタリアとドイツの統一を扱った第一章から第三章までは、歴史的な大転換の影響を映し出すオペラを複数取り上げてみた。

書き終えて改めて思うのは、《フィガロの結婚》も《魔笛》も《ニュルンベルクのマイスタージンガー》も《蝶々夫人》も《火刑台上のジャンヌ・ダルク》も《マクベス》も、「時代」がなければ生まれ得なかった作品だということである。「時代」を読めば、作品に託された別の面が見えてくる。登場人物も時代背景も、別の色を帯びて生き生きと動き始めるのである。

オペラと歴史が綴る人間の深い営みの世界へ、ようこそ。

オペラで楽しむヨーロッパ史●目次

写真提供＝筆者（特記されているものを除く）

第一章　モーツァルト「三大オペラ」とフランス革命

ウィーンのシンボル、聖ステファン寺院

《フィガロの結婚》

作曲　ヴォルフガング・アマデウス・モーツァルト
台本　ロレンツォ・ダ・ポンテ
初演　一七八六年　ウィーン、ブルク劇場

あらすじ

一八世紀のスペイン、セビリア郊外のアグア・フレスカス。アルマヴィーヴァ伯爵に仕えるフィガロとスザンナの結婚式の日。だがスザンナに横恋慕する伯爵は、かつて廃止した「初夜権」を復活させ、彼女をものにしようと狙っていた。伯爵の本心を知ったフィガロは、復讐を決意する。

一方伯爵夫人は、夫の心が離れたことに悩んでいた。彼女はフィガロたちと結託し、夫を懲らしめる側に回る。まずはお小姓のケルビーノを女装させ、伯爵との偽の逢引に送り込もうと計画。しかし女中頭のマルチェッリーナが、フィガロに貸したお金のかたに彼との結婚を約束した証文を持ち出し、裁判沙汰になる。フィガロは自分の腕にある刺青《いれずみ》を見せ、自分は貴族の子供だから親の承認がないと結婚できないと主張するが、その刺青は彼がマルチェッリーナと医師のバルトロの子供である証拠だった。晴れて、フィガロとスザンナ、そしてバルトロとマルチェッリーナの結婚式が行われることになる。

新婚の夜、伯爵夫人とスザンナは互いに衣服を替え、伯爵をおびき出す。計画は成功し、スザンナに扮した伯爵夫人は伯爵と皆の前で正体を現す。伯爵は夫人に詫び、夫人は伯爵を赦《ゆる》す。

《ドン・ジョヴァンニ》
作曲・台本　同前
初演　一七八七年　プラハ、国民劇場

あらすじ
一八世紀のセビリア。大貴族のドン・ジョヴァンニは、二〇〇〇人以上の女をものにした女たらし。今日も従者のレポレッロを見張りに立て、騎士長の娘のドンナ・アンナに夜這いをかけるが、アンナに騒がれ、駆けつけた騎士長を殺してしまう。アンナは婚約者のドン・オッターヴィオとともに、父の復讐を決意する。
農民のマゼットとツェルリーナの結婚式に出くわしたドン・ジョヴァンニは花嫁のツェルリーナを誘惑するが、かつて捨てたドンナ・エルヴィーラが現れて邪魔をする。懲りないジョヴァンニは村人たちを集めて大宴会を催し、どさくさにまぎれてツェルリーナを部屋に連れ込むが、ツェルリーナに騒がれ、一同の非難を浴びる。
しかしジョヴァンニの女遊びはやまない。ドンナ・エルヴィーラの侍女を口説き、エルヴィーラの真情を弄び、レポレッロの彼女を口説く彼に、殺された騎士長の石像が声をかけ、生活を改めるよう迫る。恐れを知らないジョヴァンニは笑い飛ばし、石像を晩餐《ばんさん》に招待する。石像は本当にやってきた。改心を迫る石像、頑として拒むジョヴァンニ。とうとう石像は、ジョヴァンニを地獄へ引きずり込む。一同が快哉を叫ぶうちに幕。

《魔笛》

作曲　同前
台本　エマヌエル・シカネーダー
初演　一七九一年　ウィーン、アウフ・デア・ヴィーデン劇場

あらすじ

伝説の時代の古代エジプト。王子タミーノは、大蛇に追われて失神したところを夜の女王の三人の侍女に助けられる。目覚めたタミーノは、そこへやってきた鳥刺しのパパゲーノが大蛇を仕留めたと誤解するが、侍女たちが現れてパパゲーノにお灸を据える。侍女たちはタミーノに、高僧のザラストロにさらわれた夜の女王の娘パミーナの肖像を見せる。肖像に一目惚れしたタミーノは、女王じきじきの命令もあって、パミーナを助けに行くことを決意する。

だがザラストロがパミーナをさらった目的は、夜の女王が支配する「闇の世界」からパミー

ナを助けるためだった。ザラストロの意図を理解したタミーノは、パミーナと結ばれるためにザラストロの教団の試練を受けることになり、パパゲーノもしぶしぶ従う。立派に試練をくぐり抜けたタミーノはパミーナと結ばれ、脱落しっぱなしのパパゲーノもパパゲーナというぴったりの伴侶を得る。タミーノとパミーナはザラストロの後継者として光の世界に迎えられ、一同はザラストロを讃える。

フランス革命とモーツァルトのオペラ

ヴォルフガング・アマデウス・モーツァルト（一七五六―九一）は、フランス革命の時代を生きた。彼が亡くなる二年前にバスチーユ監獄が襲撃され、彼が亡くなった年にフランス史上初の憲法が制定され、彼が亡くなって二年後にルイ一六世とマリー・アントワネットが処刑された。モーツァルトが六歳で父に連れられてウィーンのシェーンブルン宮殿で演奏を披露した時、床で足を滑らせて転び、同じ歳だった王女マリー・アントワネットに助け起こされて、感動して彼女にプロポーズしたという逸話はよく知られている（ただし真偽は不明）。プロポーズの真偽はさておき、実際に面識があり、その後フランス国王に嫁いで国民を沸かせた王女が危機にさらされている切羽詰まった空気は、モーツァルトにも伝わっていたはずだ。ヨーロッパ諸国は、フランス革命の行方をかたずを飲んで見守っていたのだから。

モーツァルトが遺したおよそ二〇作（未完、散逸含む）のオペラの中でも絶大な人気を誇り、彼の「三大オペラ」と呼ばれる三作のオペラ、《フィガロの結婚》《ドン・ジョヴァンニ》《魔笛》は、フランス革命前後の社会の空気と切っても切り離せない作品である。《フィガロの結婚》では従僕や小間使いが雇い主の大貴族に反旗をひるがえし、《ドン・ジョヴァンニ》では放蕩《ほうとう》者の大貴族が破滅する。そして《魔笛》は、革命後に到来する市民社会を予言する。つまりこの三作には、貴族の没落と市民の勃興という、フランス革命を通じて実現した社会変動が投影されているのだ。オペラは時代の写し絵だが、俗にモーツァルトの「三大オペラ」と呼ばれるこの三作ほどそのことを思い知らせてくれる作品はそう多くない。

フランス革命は、近代市民社会の出発点となり、現在の民主主義国家のベースとなっている価値観を作り出した大事件である。人権という発想も国民主権という考え方も、そしてナショナリズムも、フランス革命を通じて生み出された。革命前は、中世には教会が、近世には宮廷が権威として君臨し、人間の一生は身分で決まったが、フランス革命によってすべて人間は法の前では平等だと認められ、（少なくとも建前上は）個人の実力次第で出世できる社会になった。国は王家のものから国民のものとなり、身分制というヨコ割の社会がひっくり返されて、国民国家というタテ割の社会が出現した。日本ではよく明治維新がフランス革命にたとえられるが、「天皇主権」を打ち出した点でフランス革命より後戻りしている。

フランス革命の思想的なバックボーンになったのが、「人間は（生まれで決まるのではなく理性を働かせて努力すれば無限に進歩する」という「啓蒙主義」の考え方である。啓蒙主義は「自由」「平等」といった価値観の原点となった。その背景にあったのは、資本主義をバックにした市民社会の勃興であり、そこから生まれた富裕市民層（ブルジョワ）が、革命後、王や貴族に代わって社会をリードすることになった。

一六世紀の末にイタリアの宮廷で祝祭劇として誕生したオペラは、そもそも身分制社会の産物である。だがオペラが王侯貴族の独占物のままだったら、今日まで生き残ることはなかっただろう。オペラはフランス革命後も、富裕市民層という新しい顧客に取り入って生き延びた。その結果革命後の一九世紀は、現在上演されているオペラの大半が生み出された世紀になった。《カルメン》や《椿姫》といった人気オペラの多くに共通するのは、予備知識がなくとも理解できるわかりやすいストーリーと、耳あたりのいいヒットメロディだ。

それに対して、フランス革命前に生まれたオペラで、今日でもレパートリーとして定期的に上演されている作品はとても少ない。それは革命前のオペラの本流が、宮廷の祝祭劇の末裔だったからである。題材は神話古代史、言語はイタリア語、音楽はアリアの連続。そんな代物が理解できるのは、暇を持て余している貴族層に限られた。観客の多くは物語は知っていたから、彼らの目的はドラマに浸ることではなく、スター歌手たち、カストラートと呼ばれる去勢歌手や、プリマドンナの妙技に酔うことだった。物語の展開にはらはらしたり、人物の心情に共感して涙するのではなく、高音や超絶技巧を連発するスター歌手のアリアにしびれるための出し物、それがオペラだった。

当時のオペラがどんな娯楽だったかは、作品の構造を見ればよくわかる。オペラの始祖とされるクラウディオ・モンテヴェルディ（一五六七―一六四三）の最初のオペラ《オルフェオ》（一六〇七年初演）は、モンテヴェルディが仕えていた北イタリアのマントヴァ公国を支配していたゴンザーガ家のために作曲された作品だが、「序曲」の代わりに鳴り響くファンファーレは、主君を含めた観客が入場するための音楽である。一八世紀の前半にヨーロッパを席巻したゲオルク・フリードリヒ・ヘンデル（一六八五―一七五九）のオペラは、作品によっては上演に四時間くらいかかる、ワーグナーのオペラのように長大な代物だ。しかもそのほとんどがアリアの連続である。観客はそのすべてをおとなしく座って聴いていたわけではなく、自分のひいきの歌手のアリアに耳を傾けるだけで、それ以外は劇場内で社交にいそしんでいた。今でこそ当時、一七―一八世紀のいわゆるバロックと呼ばれる時代の音楽が復活し、バロック・オペラも一部では人気が出てきているが、現在の観客はもちろん何時間でもおとなしく座って観劇している。彼らが一八世紀の観客とは違う、かなりな音楽好きであることは間違いない。

ヨーロッパの各地に残る伝統的な歌劇場は、劇場が社交の場だったことを目に見える形で教えてくれる。多くの劇場は、馬蹄《ばてい》形と呼ばれる半円のような形をしているが、その馬蹄形をした平土間《ひらどま》の周りを、桟敷席とも呼ばれる仕切られた席＝ボックス席、が取り囲んでいる。ボックス席は数階にわたって積み重なっており、そのてっぺんには天井桟敷が乗っかっている。天

ウィーン国立歌劇場の内部の様子

井桟敷の席はボックス席のように小部屋に分かれてはおらず、平土間どうよう横一列に席が並ぶ構造だ。

今だと、舞台が見やすい平土間が上席で、最前列を除くと舞台がよく見えないボックス席は二列目以降は安席になる。だが当時、圧倒的に人気があったのはボックス席だった。ボックス席はシーズンごとの会員制で、貴族や富裕層が購入し、劇場内の別宅のように使っていた。ボックス席と廊下を隔てた向かいには専用の小部屋があり、召使が控えて食事の用意をしたりしていた。会員連中は上演前からボックス席に陣取り、飲食やおしゃべりや逢引や他人の観察に興じた。ボックス席こそ社交の場としての劇場の華であり、劇場に凝縮された身分制社会のシンボルだった。

対して平土間や天井桟敷は学生や兵士といった貧乏人の席で、立ち見のことも多かった。入り口も、ボックス席とは別。平土間で立って観劇していると、ボックス席から食べ残しの鳥の骨やらが降ってきたりしたらしい。

今でも一部の劇場には、当時の構造がそのまま残っている。平土間はさすがにボックス席と同等だが、天井桟敷は入り口が別で、バールも専用の質素なものがしつらえられている。桟敷席や、今では上席になった平土間に、天井桟敷から出入りすることはできない。劇場は、今に残る身分制社会の遺産なのだ。

モーツァルトが生きた一八世紀後半は、時代同様オペラも変化期に突入していた。現実離れした神話伝説より、もっと身近で楽しめる物語。そんな趣味の変化を反映し、観客層と同じ貴族や、あるいは庶民の日常のドタバタをコミカルに描くオペラ（「オペラ・ブッファ」と呼ばれる）がもてはやされた。モーツァルトの人気オペラの多くも、このジャンルに属している。《フィガロの結婚》も《ドン・ジョヴァンニ》もそうだ。ただし言葉はイタリア語のままだったので、やはり理解できる層は限られた。

モーツァルト最後のオペラ《魔笛》は、いろいろな意味で破格の作品である。まずこの作品は、ドイツ語で書かれている。それまでにもモーツァルトは母国語であるドイツ語のオペラを書いてはいるが、それらは学校の行事や宮廷劇場のための作品だった。しかし《魔笛》は、ウィーンの街外れの、商人のような庶民層が出入りする建物の中にあった、庶民的な劇場のために書かれた。つまり一般大衆のためのオペラだったのである。「ジングシュピール」という、台詞《せりふ》で進行するミュージカルのような形式で書かれているのもそのためだ。

《魔笛》の音楽がモーツァルトのほかのオペラと比べてキャッチーなのは、客層を考えてのことではないだろうか。「夜の女王」が歌う大規模なアリアにしても、「鳥刺し」が歌う民謡風の快活な歌にしても、「鳥刺し」と恋人が結ばれる愉快な二重唱にしても、一曲一曲のキャラが立っていて耳に飛び込んでくる。《魔笛》は絶大な人気を誇るオペラだが、その理由は何より「音楽」にある。ストーリーに惹かれて《魔笛》が好きになったという例は寡聞にして知らないが、《魔笛》の音楽が初めての聴き手を虜《とりこ》にしてしまう瞬間を、筆者は数限りなく目撃してきた。《魔笛》の音楽は、今で言えばミュージカルのように親しみやすいのだ。

《フィガロの結婚》もまた絶大な人気を誇るオペラだが、こちらの音楽は《魔笛》ほどキャッチーではない。ふだん音楽というものを聴き慣れていないと、退屈してしまうかもしれない。どこをとっても美しいが、キャラ立ちという点では《魔笛》に一歩譲る。筋も入り組んでいるし、登場人物も多いので、理解するにはちょっと時間がかかる。

二作に見られるこの落差。それはおそらく《フィガロ》が宮廷人、つまり教養層のための作品であり、《魔笛》が庶民のための作品であることに由来している。モーツァルトはたぶんそれを理解した上で、それぞれにふさわしい音楽を作曲した。まったくもって、桁《けた》外れの天才である。

モーツァルトの「三大オペラ」は、内容の上でも登場人物の設定でも、革命の経過をあざやかに反映している。貴族と召使しか登場しない《フィガロ》に始まり、大貴族から農民までが入り乱れる《ドン・ジョヴァンニ》、貴族階級の名残である「夜の女王」から庶民までが登場し、「知性」を重んじるインテリ指導者が讃えられる《魔笛》まで。この三作では、中心となる人物の階級がどんどん変わっていくのだ。それは革命前後の価値観の変化と重なる。

価値観の変化は、各作品に見られる「恋愛」の形を見てもよくわかる。《フィガロ》では、結婚して家庭を築こうとしている庶民的な主役二人が、貴族階級の恋愛遊戯に巻き込まれる。《ドン・ジョヴァンニ》の主人公は、身分制が規定するあらゆる男女関係の外にいてそれをぶちこわす。一方《魔笛》では、身分の高いカップルも低いカップルも、それぞれ結婚を前提にハッピーエンドを迎える。これは、革命後に到来する市民社会で理想となる「恋愛」なのである。

それまでの「恋愛」は、少なくとも身分の高い階層では、《フィガロ》の伯爵のように結婚してから享受すべき特権だった。結婚は「家」のためのものであり、そこに「愛」の介入する余地はないというのが貴族階級のしきたりだった。貴族の男女は結婚して初めて一人前になり、晴れて恋愛ができるのである。

対して、未婚の男女がときめきを感じて結ばれ、ゴールインするという、現在一般に「恋愛～結婚」と認められている形態は、庶民階級のものだった。フランス革命の際に、「第三身分」に分類された階層である。ちなみに「第一身分」は貴族階級で、「第二身分」は聖職者階級。そんな庶民的な恋愛がオペラのテーマになるのは、彼らが主役になった革命後のことだ。シェイクスピア原作の純愛もので、グノーという作曲家によってオペラ化されて大ヒットした《ロミオとジュリエット》や、娼婦《しょうふ》とブルジョワ階級の男性の純愛を描いた《椿姫》は、一九世紀だからこそ王道となった作品だった。

《フィガロの結婚》と三人の反逆児

モーツァルトの「三大オペラ」のうち、フランス革命との関連で語られることがもっとも多い作品は《フィガロの結婚》だろう。

まず原作が問題作だった。フランスの劇作家カロン・ド・ボーマルシェ（一七三二―九九）による戯曲『フィガロの結婚』は、当初は国王ルイ一六世によって出版も上演も差し止められたいわくつきの作品だったのだ。

理由はもちろん内容にある。従僕のフィガロと婚約者の小間使いスザンナたちが、主君の伯爵をとっちめる。そのような展開は、イタリアの伝統的な喜劇であるコンメディア・デラルテなどでも定番で、目新しいものではなかった。だが問題は台詞にあった。大詰めの第五幕第三場で、スザンナと伯爵が逢引すると誤解したフィガロは憤慨し、独白の中で伯爵にこう毒づく。

「貴族、身分、階級、すべて揃えてふんぞり返ってる！ そういった財宝を手に入れるのに、あなたは何をなさいました？ 生まれてきた、ただそれだけのことで、それだけのものを手にお入れになった。そのうえ、人間としてもあなたは平凡な出来だ」（石井宏訳、以下同）

加えて、フィガロはフランスの政治システムのさまざまな欠陥を攻撃する。自分が文筆活動によって牢獄に放り込まれた経験は、こうだ。「……おれは文無しのくせに、金の価値とそれがもたらす利潤について書いてやった。その途端だ、おれは牢獄の入り口の橋が、おれのために下りてくるのを馬車の窓から眺める始末だ。それを渡ると夢も希望も自由もおさらばだ。……この猫の目のように政権の交替する国で権力者と言われる奴らをとっちめてみたいものだ。こいつらは自分の下す命令の弊害なんか、まるで考えたこともない」

このような台詞が、ルイ一六世の逆鱗に触れたのである。

牢獄のくだりにきた時、一六世は激しい勢いで立ち上がり、こう言い放った。「……絶対に上演は許さん」「(この芝居を上演するくらいなら)（注：政治犯が収容されていた）バスチーユ牢獄を破壊するのが先だろう」と（この時、朗読を担当していたカンパン夫人の『回想録』より。鈴木康司訳）。

国王の前での朗読会が行われたのは一七八一年。その八年後にこの言葉が現実となり、バスチーユ監獄が襲撃されようとは、ルイ一六世は夢にも思わなかったことだろう。いや、ボーマ

ボーマルシェ（左、ジャン=マルク・ナティエ画、コメディ・フランセーズ蔵）とルイ16世（ジョゼフ・デュプレシ画、ヴェルサイユ宮殿蔵）の肖像

ルシェ自身でさえも。

ボーマルシェは、一八世紀フランスを代表する名物男であると言ってもいいかもしれない。万能の天才と言われるが、時計工の家に生まれるが、時計が正確に時刻を刻むシステムを発明して王侯貴族の絶大な支持を得、宮廷に出入りするようになる。とりわけ、ルイ一五世の愛人で宮廷の実質的な女王として君臨していたポンパドゥール夫人に贈呈した、直径一センチにも満たない指輪時計は話題をさらった。人間的な魅力にもあふれていたボーマルシェは、宮廷の時計職人から宮廷役人、ルイ一五世の娘たちの音楽教師を経て、ついには貴族の称号を手に入れる。その後も事業を起こしたり、ルイ一五世と一六世、二人の国王のスパイとしてロンドンに送り込まれたり、アメリカ独立戦争に共感して、国王を動かしてアメリカ側に武器を調達し、

独立の援護射撃をするなど神出鬼没の活躍を繰り広げた。裁判沙汰にも何度も巻き込まれ、法廷闘争や投獄も経験している。

男の色香に関しても別格だったようで、最初に結婚した一〇歳年上の貴族の未亡人からパリの大女優まで、女遍歴も華々しいものだった。パリ一の美人女優をめぐって、大公爵と大立ち回りを演じたこともある。フランス革命のあおりを食って投獄された時には、かつての愛人が文字通り体を張って検事を籠絡し、出獄することができた。男冥利に尽きるとはこのことだろう。

しかしボーマルシェの名前が現在まで残っているのは、劇作家として、とりわけ『セビリアの理髪師』（一七七五年初演）と『フィガロの結婚』の作者としてである。もっと言えば、この二作が有名オペラになったことが大きい。『セビリア』はロッシーニが一八一六年にオペラ化したものが有名だが、ロッシーニ以外にも何人もの作曲家がオペラにしている。モーツァルトの《フィガロ》初演当時は、パイジェッロが作曲したオペラ《セビリアの理髪師》がウィーンの話題をさらっていた（ただし現在ではほぼロッシーニ作品しか上演されない。そのため、物語としては《セビリア》のほうが先なのに、オペラはモーツァルトの《フィガロ》のほうがロッシーニの《セビリア》より先に成立しているため、混乱する人もいるようだ）。

『セビリアの理髪師』は、『フィガロ』に登場する伯爵と伯爵夫人が、「セビリアの理髪師」と呼ばれた理髪師フィガロの助けを借りて結婚するまでの物語である。伯爵夫人は本名をロジーヌ（オペラではロジーナ。以下カッコ内はオペラでの役名）と言い、両親を亡くして医師のバルトロに「後見」されている平民の娘だった。伯爵は貴族には稀なことに、平民の娘に惚れ込んで結婚し、その際にオペラで問題になる「初夜権」――領地内の未婚の女性が結婚する際に初夜をともにできる権利――を返上する。フィガロは二人を結びつけた功績により、伯爵の従僕として雇われた。『フィガロの結婚』はその三年後、伯爵が結婚生活に飽きたところから始まるのである。

実は『フィガロ』にも後日談がある。設定は『フィガロの結婚』の二〇年後。伯爵夫人は小姓のシェリュバン（＝ケルビーノ）と関係を持って隠し子を産み、伯爵も他の女性との間に子供をもうけている。フィガロとシュザンヌ（＝スザンナ）は、伯爵の秘書官ベジャースの悪巧みを暴き、またもや夫妻を仲直りさせる。『罪ある母』（つまり伯爵夫人のこと）というタイトルで一七九二年に初演されたこの芝居はしかしまったくヒットせず、オペラも書かれたが人気は出なかった（一九六四年にフランスの作曲家ダリウス・ミヨーが作曲）。ボーマルシェとしては『罪ある母』をもって、アルマヴィーヴァ伯爵の物語を終わらせたつもりだったのだけれど。

『罪ある母』が面白くないのは、フィガロがすっかり伯爵に忠実な下僕になっているせいでもある。伯爵や医師やお小姓をやり込めた才気煥発な快男児の片鱗はかけらもない。それは、『罪ある母』の七年後に六七歳で世を去ったボーマルシェの「老い」とも関係しているのかもしれない。

それより一一年前、『フィガロ』を書いた頃のボーマルシェは、人生の絶頂期にあった。持ち前の機知と不屈の闘志が、とめどもなく湧き出ていた時代だったのだ。ルイ一六世に差し止められた『フィガロ』を復活させるために、ボーマルシェはパリのサロンをめぐって『フィガロ』の朗読会を行った。話題作知りたさで朗読会は大入りになり、ボーマルシェはロシアの女帝にまで呼び出されて朗読を行う。国王にとって旗色の悪いことに、『フィガロ』の禁止は「公共の自由」の侵害や「専制」への批判という、当時ひそかに浸透しつつあった空気に火をつけ、国王への激しい反発を呼び起こした。ルイ一六世もしぶしぶ、貴族の別荘での私的上演を認める。こうなれば後は一直線。一七八四年の四月、『フィガロの結婚』はついに公開初演にこぎ着けた。その夜、会場のコメディ・フランセーズには、チケット売り出しの一〇時間前から人々が大挙して押し寄せたという。上演はもちろん大成功に終わり、一年足らずで七二回の上演を数えた。

モーツァルトは、『フィガロの結婚』をオペラ化したいと強く望んだ。そう書き残しているのは、オペラの台本を書いたイタリア人劇作家、ロレンツォ・ダ・ポンテ（一七四九―一八三八）である。

北イタリア生まれのユダヤ人であるダ・ポンテも、なかなか型破りな人物だった。ひとことで言えば破戒僧出身の詩人。ユダヤ人なのに改宗して（これは家族ぐるみだったが）キリスト教の司祭になり、聖職者なのに放蕩を重ね、また風刺精神に富んだ詩を書いたために当局に睨まれ、暮らしていたヴェネツィア共和国から追放を宣告された。なのに逃避行の間も人妻と一緒だったりしている。流れ着いた先がウィーンで、宮廷作曲家をしていたサリエリの仲介で皇帝ヨーゼフ二世に取り入り、劇場の座付き詩人の地位にありつく。いくつかの失敗を経て、イ・ソレルのオペラ《気のいい気難し屋》（一七八六年初演）で成功。この間、女性関係で逆恨みされ、硝酸入りの飲み物を飲まされて歯が抜け落ちるという災難にも見舞われた。だがそれでもモテたようだから、よほど色気があったのだろう。

そのダ・ポンテとモーツァルトが初めて組んだオペラ、それが《フィガロの結婚》だった。

オペラ《フィガロの結婚》の成立事情

ボーマルシェの『フィガロの結婚』は、ウィーンでも上演禁止になっていた。皇帝ヨーゼフ二世が許可しなかったのだ。ヨーゼフ二世は、皇帝陛下にしては物わかりがいい「啓蒙専制君主」として知られており、農奴解放令、宗教寛容令などを布告。とりわけ後者は、カトリック大国だったオーストリアでプロテスタントやギリシャ正教を認めた画期的なものだった。そのため当時のウィーンは、パリよりよほど風通しがいい街だったのだ。宮廷劇場に庶民が通うことも許されるようになったし、一七八〇年代に宮廷劇場で上演されたオペラの多くが、《フィガロ》のように農民や従僕が貴族階級に反抗する筋立てだったという研究もある。それでもやはり皇帝は、パリを騒然とさせた話題作、ボーマルシェが創造したフィガロの物言いには抵抗があったらしい。ただし出版は許されたから、世間では話題になっていたはずだ。

加えて、『フィガロ』の前日談である『セビリア』がパイジェッロによってオペラ化され、ウィーンで人気を博していたことは前に触れた通りである。話題になること間違いなし、とモーツァルトは踏んだのだろう。何よりボーマルシェの原作は、オペラの理想の台本を求めて「一〇〇冊以上の台本に目を通した」モーツァルトの眼鏡にかなったのである。

モーツァルトとヨーゼフ二世の間をうまくつなぎ、オペラ化の許可を取り付けたのはダ・ポンテである。『フィガロ』はこうしてオペラになり、ウィーンではボーマルシェの演劇より先に舞台にかかることになった。

「公序良俗を乱し、陛下ご自身が臨席なさる劇場にふさわしからぬものはすべて削除いたしました」(『名作オペラブックス1 フィガロの結婚』二七六ページ)とダ・ポンテが見えを切った通り、オペラは原作の毒気をかなり抜いている。ルイ一六世が立腹した第五幕のフィガロの体制批判は、浮気な女性への憤慨にとって代わった。原作では、女中頭マルスリーヌの台詞として女性蔑視への痛烈な批判もあるが、それもほとんどカットされている。

それでも、体制批判は残った。第一幕のフィガロのアリア〈伯爵様、お手をどうぞ〉は、軽快な音楽に包んだ伯爵への宣戦布告だ。また第三幕の伯爵のアリア〈私がため息をつき〉は、喜歌劇にはまったく不似合いな大仰な音楽を通じて、尊大な伯爵の滑稽さを際立たせている。

モーツァルトは独立心の旺盛な人間だった。生まれ故郷のザルツブルクからウィーンに移ったのも、ザルツブルクで仕えていた大司教の横暴さに堪忍袋の緒が切れて、彼のほうから三行《みくだり》半《はん》を突きつけたからだった。彼の父は息子のその振る舞いに終生心を痛めた。ウィーンでのモーツァルトは、求職活動は行いながらも、宮廷や教会に雇われないフリーの音楽家として自立していたが（後に「宮廷作曲家」という称号を手に入れ、八〇〇フローリン――日本円にしておそらく八〇〇万円ほど――の定期収入を得るようになる）、そこには彼のそんな気質も影響していたはずだ。

けれど、原作にもオペラにも共通するが、《フィガロ》は反体制一辺倒というわけでもない。主人公のフィガロ自身、自分は「貴族の落とし胤《だね》」だと主張する（実際は医者と女中頭の息子だったが）。ボーマルシェ自身、お金で貴族の身分を買った人間である。貴族社会への批判と羨望。その両方が、彼にもモーツァルトにも渦巻いていたはずだ。

フランス革命を経て、オペラが富裕市民層の娯楽になった時、彼らはかつて貴族が占領していた劇場のボックス席を競って借り上げた。貴族を蹴落としたはずの彼らが、貴族のまねごとをしたがる。それは人間の本質の一部なのかもしれない。

『フィガロの結婚』で熱狂的な成功を収めた後、ボーマルシェはなぜかバスチーユ牢獄の前の土地を買って大邸宅を建てる。バスチーユは専制政治のシンボルだったから、ボーマルシェのこの行為は人々の反感を買った。豪邸完成の二年後、バスチーユは襲撃される。ボーマルシェは革命側に加わろうとして結局失敗し、体制側の人間と見なされた。

『フィガロ』の続編である『罪ある母』は、バスチーユ襲撃の三年後、テュイルリー宮殿襲撃の年、そしてルイ一六世が逮捕される直前に上演された。そこにはボーマルシェの苦い思いも反映されているようだ。本編では、伯爵はスペインから、革命のさなかのフランスに移住してきた設定になっている。彼は劇中で、今はフランスにいるのだから、「この国の偏見に逆らうようなことをしてはいけない」と呟《つぶや》くのである。

オペラ《フィガロの結婚》が愛される理由

モーツァルトのオペラ《フィガロの結婚》が圧倒的な人気を獲得している最大の理由は、政治や反骨精神ではないだろう。ここには、男女の間のありとあらゆるときめきがある。結婚を前にした若いカップルのときめき、思春期の少年のときめき、妻に飽きて若い女性を求める既婚者のときめき、少年の求愛にふと揺れる人妻のときめき……。人気オペラの多くで描かれる「愛」はもっと一直線でわかりやすい純愛が多いのだが、《フィガロの結婚》がきわめて個性的なのは、「ふと心が揺れる」ような瞬間をとらえていることだ。そういう芸当ができるオペラ作曲家は、おそらくモーツァルトしかいない。

とはいえ、《フィガロ》にそのような空気が満ちているのは、これが恋愛遊戯を好んだ宮廷人向けのオペラだからである。庶民の劇場のために書かれた《魔笛》では、そんなことはありえない。

オペラが原作と何より違うのは、全曲のクライマックスだ。浮気がばれ、自分の非を悟った伯爵は、夫人に赦しを乞う。伯爵夫人は答える。「私は貴方より素直です。はいと申しましょう」。そして皆が唱和する。「ああ、これでみんな、満足するだろう」。

モーツァルトはこの場面に、奇跡的な音楽をつけた。それまでのドタバタ騒ぎがぱたりと静まり、うっとりとやわらかな弱音の世界が広がる。天国の花園が目の前に開いたような瞬間。人間が持つもっとも高貴な感情のひとつである「赦し」をここまで天国的に描いた音楽を、筆者は知らない。

最後の最後で音楽は再び賑やかになり、一同は結婚式に繰り出してゆく。これがオペラの結末だ。

これがボーマルシェの戯曲だとどうなるか。

赦しの場面はもちろんあるが、笑いのうちに「一件落着」という風情である。戯曲という性質もあるだろうが、神がかった性質のものとはとうてい言えない。全編の幕切れは、登場人物が順に歌いながら口上を述べるスタイルになっており、主張する内容はさまざまだ。シュザンヌ（＝スザンナ）は「男が法を作るから世の中は不公平」と息巻き、フィガロは「人に敬われた王様たちも／死んでしまえばみな終わり／生き残るのはヴォルテール」と、反逆児の顔を捨てない。ボーマルシェは、ヴォルテールの全集を刊行した人物でもあった。

演劇とオペラ、形式はもちろん異なる。だが、政治的な面も含みつつ、男女の愛というもっとも普遍的なテーマを天才的な音楽によって際立たせているモーツァルトのオペラが時代も国境も超えて愛されるのは、当然のなりゆきなのかもしれない。

《ドン・ジョヴァンニ》と大貴族の黄昏

《ドン・ジョヴァンニ》は、時代の空気と一緒に扱われることがあまりないオペラである。二〇〇〇人斬りを誇る天下の放蕩者が、あの世からやってきた石像によって罰せられる衝撃的な物語。登場人物は多士済々だ。彼に魅せられ、あるいは憎みながらも惹きつけられて、彼を追いかける女たち、女たちの父親や婚約者や花婿、ドン・ジョヴァンニの従者らさまざまな階層の男たち。物語も人物もそしてそれを彩る音楽も、あまりにも個性的だ。

イタリア語名ドン・ジョヴァンニ、フランス語名ドン・ジュアン、母国のスペイン語名ではドン・ファン。誘惑した女性の父親を殺し、その父親の石像に地獄に引きずり込まれる放蕩者の伝説が生まれたのは、一七世紀のスペインでのことだった。セビリアの修道院に伝わるドン・ファン伝説から派生した多くの物語の中で最初にヒットを飛ばしたのは、ティルソ・デ・モリーナ（本名ガブリエル・テレス、一五七九—一六四八）というスペインの僧侶作家による戯曲『セビリアの色事師と石の招客』（一六三〇。ただし別の作者説あり）である。ドン・ファンはもちろん非道な放蕩者で、次々と女性を騙《だま》しては捨てるが、この作品では彼以外の宮廷人の一部も道徳的に退廃している。創作の背景には、腐敗した宮廷人たちへの批判もあった。

ドン・ファンはオペラ同様大胆不敵で神をも恐れない人物だが、最後は神の場である教会で石像に裁かれ、地獄に引きずり込まれる寸前に悔い改めの言葉を口走る。つまり最後の最後で、神に帰依《きえ》するのだ。風刺を得意としたデ・モリーナだが、最後は聖職者だったということか。

デ・モリーナ作品は大ヒットし、イタリアをはじめ各国に流入して、それぞれの国でそれぞれの「ドン・ファン」伝説が創られた。イタリアでは伝統的な喜劇「コンメディア・デラルテ」の類型となり、ヴェネツィアの有名作家カルロ・ゴルドーニの『ドン・ジョヴァンニ』（一七三六）へとつながる。フランスでは、喜劇で有名な劇作家モリエールによる『ドン・ジュアン』（一六六五）が一世を風靡《ふうび》した。モリエールのドン・ジュアンはデ・モリーナよりもっと神に逆らう男であり、行いを一切悔いることなく地獄に連れ去られる。あまつさえ劇中で、聖職者の偽善を告発するのだ。モリエール自身も無神論者であり、教会を堂々と批判した肝っ玉のすわった男だった。時代は変わったのだ。

モーツァルトが描くドン・ジョヴァンニは、音楽も手伝ってもっと剛毅だ。幕切れ近く、地獄の業火がごうごうと吹き上がるようなすさまじい音楽とともに騎士長の石像に悔い改めを迫られても、頑として拒否する。生き方を変えるくらいなら地獄に落ちたほうがまし。神を畏《おそ》れるという言葉は自分の辞書にはない。華麗なる確信犯ドン・ジョヴァンニ。しかもモリエールではまだ「神」という言葉が頻出するが、オペラにはほとんどない。

ドン・ジョヴァンニの人物像が、そしてモーツァルトの音楽があまりにも桁外れなので、多くの議論はそちらに集中している。とりわけ、「喜歌劇」にはおよそふさわしくないダイナミックでシリアスな地獄落ちの音楽は、お上品な一八世紀の枠組みを取り払って一九世紀に首を突っ込んでいる。ドン・ジョヴァンニを追いかけ回す女性たちもそれぞれキャラクターが濃いので、そちらに魅せられるファンも少なくない。人間ドラマとして、音楽劇としてあまりにも魅力的なのである。

けれど、《ドン・ジョヴァンニ》には、貴族社会の崩壊前夜という時代の気分が、見事に反映されている。社会の体制からはみ出して、反社会的な行動を繰り返す大貴族の主人公。彼は貴族からブルジョワから小間使いから農民まで、「スカートさえ履いていれば」(従者のレポレッロの言葉)あらゆる階層の女に手を出す。しかも手を出した後すぐ捨てるという対応まで平等だ。女を落とすためなら、従者のレポレッロと衣装を取り替える＝身分を偽ることも厭わない。ドン・ジョヴァンニとレポレッロは、同じ主人と従僕という立場ながら《フィガロの結婚》の伯爵とフィガロよりはるかに対等だ。レポレッロは面と向かって主人に逆らい、お暇をいただきたいと願い出る。あるいは主人に命じられるままに、衣装を取り替えて主人になりすます。二人はひとりの人間の光と影のように、表裏となって一体化している。永遠の階級闘争を闘いながら。

貴族への反逆は、ドン・ジョヴァンニが誘惑する農民の娘ツェルリーナの婚約者マゼットの行動に顕著だ。婚約者を誘惑されたマゼットは怒り、仲間を募って、ドン・ジョヴァンニを待ち伏せする。あいにくレポレッロに変装したドン・ジョヴァンニにいいようにやられてしまうが、農民が大貴族を襲おうと企てるのは画期的だ。三宅新三氏はこの時のマゼットの振る舞いを、フランス革命で貴族たちに襲いかかった農民に重ね合わせている。一方でドン・ジョヴァンニに口説かれるツェルリーナは、彼と結婚できたら貴族になれるかもしれないと、身分上昇の夢に心をときめかせるのだが。

だが誰より身分制社会を否定してみせるのは、繰り返しだが当のドン・ジョヴァンニである。屋敷で大宴会を開けば、あらゆる身分の客を招待する。どこの誰ともわからない仮面をつけた人間すら「どなたでも歓迎します」と迎え入れ、こう叫ぶのだ。「自由万歳！（Viva la libertà!）」。そして一同もそれに唱和する。

続いて始まる踊りの場面も凝っている。なんと、舞台の上には三つの楽団が登場し、貴族のための舞曲〈メヌエット〉と、市民階級の踊り〈コントルダンス〉、そして農民の踊りである〈ドイツ舞曲〉をそれぞれ奏でるのだ（楽譜には、ごていねいなことにチューニングの音まで書き込まれている）。三つの舞曲は同時進行するのに、音楽がまったくくずれることなく調和しているのは、モーツァルトの恐るべき作曲手腕のなせるわざである。そして場面は、混沌としたフィナーレへとなだれ込んでゆく。

ここには明らかに、身分制社会の終焉がある。彼はそんなものを信じていないし、そんなものから自由なのである。

もっとも、この舞踏会のシーン（第一幕の幕切れ）は、「啓蒙専制君主」ヨーゼフ二世が開催した、身分を取り払った舞踏会にヒントを得たものだという。だとしたら、まさに時代の空気を取り入れているわけである。この舞踏会のシーンを見た当時の聴衆は、拍手喝采したのではないだろうか。

悪漢でありながら魅力的なドン・ジョヴァンニに比べ、対立軸となる人物はみな物足りない。ドンナ・アンナの婚約者であるドン・オッターヴィオは、フランス革命後に貴族に代わって社会の主役になる市民階級の人間、つまり次の時代のヒーローなのに、まったく魅力的に描かれていない。真面目で誠実、ただそれだけの男性だ。《ドン・ジョヴァンニ》は、滅びゆく世界へのノスタルジーでもある。

《ドン・ジョヴァンニ》はプラハで生まれた。プラハは当時ハプスブルク帝国の一部で、ハプスブルク帝国の皇帝が兼務する「ボヘミア王」を戴く街だったが、帝国の首都であるウィーンへの対抗心は強かった。何しろプラハは、ウィーンが神聖ローマ帝国の首都になる前の一四世紀に神聖ローマ皇帝を出して、帝国の首都になった街なのである。今でも歴史ある古都としての壮麗さでは、ウィーンはプラハにかなわない。

モーツァルトの《フィガロの結婚》は、ウィーンではそれほど評判にならなかったのに、プラハで上演されると大ヒットを記録した。この街が、ウィーンへの反抗心に富んでいたことも無関係ではないはずだ。それに喜んだプラハの劇場の興行主がモーツァルトに新作を頼んで生まれたのが、《ドン・ジョヴァンニ》である。

ドン・ファン伝説からはたくさんのオペラが生まれた。モーツァルトのオペラの八ヶ月前には、ガッツァニーガという作曲家が《石像の客》というタイトルで作曲したドン・ファン・オペラ（台本はベルターティ）がヴェネツィアのカーニヴァルで上演されて大当たりをとり、イタリア中で快進撃を続けていた。ダ・ポンテはこのオペラをよく知っていて、モーツァルトに同じ題材でオペラを書くよう勧めている。ダ・ポンテの言葉を信じれば、モーツァルトは大いに乗り気になったという。

とはいえ、モーツァルト以上にノリノリだったのはダ・ポンテかもしれない。彼はこの頃、同時に三つの台本を書き進めていたが、その傍らには一六歳の初々しい小間使いがいて、身の回りの面倒はもちろんベッドの相方をもかいがいしく務めたという。

一方モーツァルトの関心は、おそらくエロスだけではなかった。《ドン・ジョヴァンニ》を作曲している最中に、彼は人生でもっとも大きな存在だった人間、父レオポルトを喪《うしな》っている。レオポルトこそ、神童モーツァルトをヨーロッパ中連れ回し、演奏会を開く一方で各地の音楽を吸収させ、同時にあらゆる階層のあらゆる人間に対する洞察力を養わせるという、一八世紀当時としては空前絶後の英才教育を行った当事者だった。一卵性双生児のようだった父子に亀裂が入ったきっかけが、モーツァルトの独立とウィーンへの移住だった。レオポルトは脅しすかしたが息子は戻らず、おまけに父の意に沿わない結婚までしてしまった。父子関係は最後に修復されたが、完全和解とは言いがたい。そんな中、レオポルトは逝ってしまったのである。《ドン・ジョヴァンニ》に、モーツァルトの他の作品と比べて「父」＝騎士長の影が強いのは、そのせいだという説は根強い。ドン・ジョヴァンニの死は、厳しい父に逆らった放蕩息子の末路のようでもある。

《ドン・ジョヴァンニ》の初演は大いに話題となり、プラハの内外から大勢の客がつめかけた。客席には、一八世紀の実在するドン・ファン、ヴェネツィアを舞台に浮名を轟かせた天下のプレイボーイで、ダ・ポンテの友人だったカサノヴァの姿もあったという。初演は「ものすごい大成功」（モーツァルトの言葉）だった。

できあがったオペラの破格さは、ガッツァニーガ作品と比べてみるとよくわかる。実はダ・ポンテはガッツァニーガの《石像の客》をかなり参考にしていて、《ドン・ジョヴァンニ》の第一幕の台本はガッツァニーガと相当かぶっている。だが音楽はガッツァニーガのほうがずっと軽やかで、地獄落ちのシーンもすぐ終わってしまう。主人公の声域がテノールに設定されているのも、モーツァルトのドン・ジョヴァンニがバリトン（またはバス）に設定され、すごみがあるのに比べて軽い。個性的な主人公には、すごみのある低声がよく似合う。

《ドン・ジョヴァンニ》が描き出す、人間ドラマと階級ドラマ。それはあまりにも激しく、あまりにも生々しい。その最大の理由は、それが破滅に向かって突き進む物語であるためかもしれない。

《魔笛》とフランス革命——啓蒙主義とフリーメイソンと宮廷社会の落日

モーツァルト最後のオペラ《魔笛》は、彼の音楽の総決算であると同時に、階級を超えて開かれた革命的な作品である。《フィガロ》や《ドン・ジョヴァンニ》は宮廷人の言葉であるイタリア語で書かれ、恋愛遊戯を主題にしているのに対し、《魔笛》はドイツ語作品で、試練を経て結ばれるカップルが描かれる。それは一九世紀の市民社会で規範となる、道徳的な男女のカップルのモデルなのである。

音楽的には、伝統的なオペラ・セリア（夜の女王の超絶技巧のアリア）、オペラ・ブッファ（種々のアンサンブル）、ジングシュピール（民謡風のアリア）の要素がすべて盛り込まれ、しかもそれらの音楽が、それぞれふさわしい身分の登場人物に与えられている。つまり《魔笛》には、あらゆる階層の人間が登場するのだ。全曲の最後で、宮廷社会の象徴である夜の女王とその手下たちが滅びてしまうのは、自由や平等を謳う「啓蒙主義」の影響である（「啓蒙主義」とフランス革命との関係は、以前にも触れた）。そして結末は、フランス革命後に来るべき市民社会の到来を予告するのだ。

《魔笛》は実質的な最初のドイツ（語）オペラと言っていい作品である。繰り返しだが、それまでのオペラは知識層向けのイタリア語オペラだった。ドイツ語オペラも上演されてはいたが、それは庶民層向けの歌芝居（＝ジングシュピール）だった。「二幕の大オペラ」とタイトルづけられた《魔笛》は、今日定期的に上演されているオペラの中でもっとも古いドイツ語オペラである。

物語はいささかわかりにくいが、《魔笛》の本筋は当時のウィーンで人気を集めていた「おとぎ話」オペラ、そして「魔法」オペラである。若い男女が試練を経て結ばれるまでを、メルヘンチックに描いた物語。空飛ぶ雲に乗って現れる「三人の童子」や、王子に襲いかかる蛇、笛の音に合わせて踊る動物、「火」や「水」の試練といったアトラクションは、劇場に必須だった機械仕掛けを活用したものだった。

《魔笛》は、エマヌエル・シカネーダーという俳優兼劇作家が座付きの支配人を務めていた「アウフ・デア・ヴィーデン劇場」で初演された。ちなみに、台本を書いたのもシカネーダーである。この劇場は、ウィーンの商人たちが集まる場だった「フライハウス」の中に新しく造られたものだった。商業施設に劇場が造られたのは、社会を活性化することに積極的で、劇場建設の規制緩和も行ったヨーゼフ二世の政策の賜物である。ヨーゼフ二世はドイツ語の振興にも取り組み、宮廷劇場で熱心にドイツ語オペラを上演したこともあった。

「アウフ・デア・ヴィーデン」劇場は現存しないが、ごく近くに、その後継劇場である「アン・デア・ウィーン」劇場が残っている。《魔笛》の大ヒットでしこたま稼いだシカネーダーがアウフ・デア・ヴィーデン劇場を引き払い、新しくより大きな劇場を建てて本拠としたのが「アン・デア・ウィーン」劇場だった。ここでは後に、ベートーヴェンの唯一のオペラである《フィデリオ》(第一稿)も初演されている。

「アン・デア・ウィーン」劇場は、ウィーンを取り巻く環状道路「リンクシュトラーセ」のすぐ外側に建っている。「リンクシュトラーセ」は、モーツァルトの時代には市壁があった場所だった。市壁があった時代には、壁の内側は宮廷人の、外側は庶民の世界だった。それまで市壁の中にあった宮廷劇場のためにオペラを書いていたモーツァルトは、《魔笛》で初めて、名もない庶民のために娯楽音楽劇を作曲した。《魔笛》のようなおとぎ話系のジングシュピールは、その頃ちょうど市壁の外の劇場で大流行しており、モーツァルトも《魔笛》の一年前に、やはりシカネーダーが台本を書いて彼の一座で上演した《賢者の石》という《魔笛》とよく似たジングシュピールに、共同制作者として加わっていた。

魔笛が初演されたアウフ・デア・ヴィーデン劇場の後継、アン・デア・ウィーン劇場

市壁外の劇場が繁栄していたのは、当時の政治状況も関係している。一七八八年から始まった対トルコ戦争、そしてフランス革命のおかげで、多くの貴族は戦線に出るか領地に帰るかしてしまい、宮廷オペラどころではなくなっていたのだ。一七九〇年に宮廷劇場で初演されたモーツァルトの《コジ・ファン・トゥッテ》は、主要登場人物が六人しかいない簡素なオペラだが、それは経済事情も大いに関係している。同年に文化芸術に理解があり、モーツァルトを買っていたヨーゼフ二世が逝去したことも、ウィーンの劇場界にとって大きな打撃だった。

一方で《魔笛》に取りかかる直前、モーツァルトは《皇帝ティートの慈悲》というオペラを作曲している。これはレオポルト二世のボヘミア王戴冠を祝って創られたオペラで、伝統的宮廷オペラの最後の末裔と言っていい作品だった。主人公は古代ローマ帝国に実在した皇帝ティート（ラテン語名ティトゥス）。親友や信頼していた女性に裏切られ、暗殺されかけた皇帝ティートが寛容にも皆を許し、一同に讃えられるという筋書きである。オペラのストーリー自体は一七三四年に成立したもので、手を替え品を替えて皇帝一家を讃えるために上演されてきた。レオポルト二世は特にこのストーリーがお気に入りだったという。これはプラハの貴族グループから劇場支配人を通じて依頼された作品だったが、モーツァルトの側にも皇帝に取り入るという思惑があったから受けたのだろう。

残念ながら《皇帝ティートの慈悲》は新皇帝に不評だった。モーツァルトの音楽の複雑さも一因だったらしい。とはいえ、この手のオペラ自体が使命を終えていたことも明らかだった。

前帝ヨーゼフ二世は、この手の宮廷オペラを「時代遅れ」だとバカにしていたのである。その直後に成立した《魔笛》が、新時代の到来を告げるものとなったのとは対照的だった。

フリーメイソンとフランス革命

《魔笛》の物語が、おとぎ話に加え、モーツァルトも加入していた「フリーメイソン」結社と関係していることはよく知られている。特に第二幕でタミーノとパパゲーノが受ける「試練」は、フリーメイソンの入信式をなぞっているというのが一般的な解釈である。

「フリーメイソン」は、啓蒙主義と自然科学を信奉し、道徳的、理性的な個人の完成をめざすと同時に、社交や慈善を通じて人類や社会の理想を追求する市民結社である。一七一七年にロンドンで結成され、一八世紀後半には貴族、聖職者、軍人、商人、科学者、芸術家などを巻き込んで、カトリック教会にも匹敵する巨大なネットワークを形成した。ドイツでは、神秘主義と結びついて、秘儀的な側面が発展した。

フリーメイソンの飛躍的な発展の背後には、宮廷社会とキリスト教の退潮があった。人々は、古くさくなり迷信めいて感じられるキリスト教に代わる、新しく信頼できるものを求めていたのである。

《魔笛》の劇中には、「愛」や「徳」といったフリーメイソンの信条がちりばめられているほか、メイソンの参入儀礼で使われる目隠しの布などの小道具も登場するし、フリーメイソンの

「ウィーンのフリーメイソンのロッジ」(ウィーン・ミュージアム蔵)。絵の中にモーツァルトも描かれていると言われる

数字である「三」の多用があったり(フラット三つの「変ホ長調」の使用、「三人の侍女」や「三人の童子」など)、フリーメイソンの思想を反映した歌も数多く歌われる(例えばパミーナとパパゲーノの二重唱〈愛を信じる男の人たちには〉は、フリーメイソンにおける「愛」の理想を歌っているとされる)。参入儀礼を模したとされる第二幕で描かれるのは、若者たちがさまざまな試練を乗り越えて人間的な完成へと至る過程である。夜の女王が支配する闇=夜の世界は、旧態依然とした迷信的なカトリックに支えられた宮廷世界でもあり、ザラストロが支配する光=昼の世界は、啓蒙主義の光に照らされた英知の世界なのだ。「光」と「闇」の対立は、啓蒙思想が好んだ構図だった。

フリーメイソンはしばしば「フランス革

命を煽《あお》った」と言われるが、実際的な結びつきはないようだ。それどころかフリーメイソンは、革命後の社会で弾圧された。ただ、繰り返しだが、フリーメイソンの思想的なバックボーンである啓蒙主義がフランス革命の原動力となったことはたしかである。

　モーツァルトがウィーンに来た一七八〇年代、フリーメイソンはきわめて活発だった。最初の結社がウィーンに誕生したのは一七四二年。当初はマリア・テレジアの夫、皇帝フランツ一世もメンバーだった。フランツ一世の死後、マリア・テレジア女帝によっていったん活動が禁止されるが、女帝の長男である皇帝ヨーゼフ二世は、会員に自分の支持者が多いこともあって、権力を握るとフリーメイソンを積極的に認めた。その結果ウィーンでは八つの「ロッジ」（地方支部）が活動することになり、最大のロッジの会員数は最盛期には二〇〇名を超えたという。モーツァルト自身も一七八四年に「慈善」という名前のロッジに加入しており、熱心な会員だったことが知られている。父レオポルトや尊敬していたハイドンも勧誘し、入会させているほどだ。《フリーメイソンのための葬送音楽》と呼

ヨーゼフ２世の肖像（ゲオルグ・ヴァイケルト画、ウィーン軍事史博物館蔵）

ばれているカンタータK477など、結社のための音楽もいくつか作曲している。

フリーメイソン結社は現在でも世界中で活動しており、日本にも数千人の会員がいる。筆者の知人にもメンバーがいるのだが、なんと彼はモーツァルトへの愛がこうじて、フリーメイソンのメンバーになったという。入団に際する試験は要求水準がとても高く、それをくぐり抜けたメンバーは結束が固いらしい。

それはさておき、ウィーンでフリーメイソンが大流行し、めぼしい人々がきそって加入するようになったことは、間もなく皇帝ヨーゼフ二世に不安を抱かせた。皇帝は勅令を出し、メイソンの活動を制限する。《魔笛》が初演された頃にはロッジはわずか二ヶ所に統合され、会員も減少の一途をたどっていた。モーツァルトの死後一七九五年には、レオポルト二世の次の皇帝であるフランツ二世によって、ウィーンのすべてのロッジは閉鎖されてしまう。《魔笛》が書かれたのは、フリーメイソンにとって危機の時代だったのだ。

時代は、まさに革命のただなかだった。《魔笛》初演の三ヶ月前、ルイ一六世一家は軟禁状態だったテュイルリー宮殿から脱出を企て、失敗してパリに連れ戻される。有名な「ヴァレンヌ逃亡事件」である。フランス国民は王に失望し、革命は急速に先鋭化しはじめる。王権が停止されたのは、この事件の直後だった。

絶対王政の廃止。それは、オーストリアには絶対に受け入れられないことだった。モーツァルトが世を去った翌年の一七九二年、フランスはオーストリアに宣戦布告し、共和制と王政がぶつかり合うヨーロッパを巻き込む大戦争が始まる。革命と共通するメッセージを発しているメイソンが弾圧されたのは、必然だった。

《魔笛》では、前に触れたように、ザラストロが支配する「光」の世界＝啓蒙された市民社会と、夜の女王が支配する「闇」の世界＝旧態依然とした宮廷社会が対立し、光の世界が勝利する。ザラストロは、啓蒙主義が象徴する知的、精神的な世界のリーダーであり、僧侶たちはその信奉者たちである。モデルはフリーメイソン結社。彼らが勝利するのはすなわち啓蒙主義の勝利であり、「光（＝太陽）の世界」は英知と理性に照らされた、革命後の新しい世界、来るべき市民社会の象徴でもある。そんな彼らは「人間」であること、「人間」そのものを讃えるのだ。

ザラストロのグループに与えられた音楽も、社会における彼らの立場を象徴する。基本的に音楽はシンプルで、男声合唱（＝メイソンは女人禁制）が主体であり、内容は「徳」や「理性」といったものへの讃美である。夜の女王に自分を殺害するよう命じられたパミーナを前に、ザラストロはゆったりした旋律で歌う。「この聖なる神殿には／復讐など存在しない」と。彼が描いてみせるのは、「愛」に満ちた理想の世界だ。対して宮廷社会の支配者である夜の女王は、伝統的な宮廷オペラで好まれた超絶技巧のアリアで、激しい復讐の念を歌うのである。

メイソンの理想を音楽であざやかに体現している例として、最後のほうでタミーノを導く二人の武士の二重唱を挙げたい。彼らが歌う旋律は、プロテスタント教会のコラール＝賛美歌からとられており、オーケストラが奏でる音楽のメインテーマは、ビーバーという作曲家が書いた、カトリック教会のミサ曲。さらに、武士たちが読み上げるテクストは、もともとがヘブライ語である聖書の『詩篇』からとられている。つまりここでは、フリーメイソンの理想である、宗派を超えた思想の世界が暗示されているのである。

モーツァルトは《魔笛》に取りかかる前、プロテスタント教会音楽の大作曲家であるヨハン・セバスティアン・バッハが活躍していたライプツィヒやベルリンに旅行して、バッハの音楽に触れている。バッハの職場だったライプツィヒの聖トーマス教会でバッハのモテットを聴いた時には大感激し、その場で書き写してしまったというエピソードも残っている。「みんなの歌」である賛美歌は、たしかに新しい市民社会にふさわしい音楽だった。

無事「試練」をくぐり抜けたタミーノは晴れてパミーナと結ばれ、その世界を率いることを任される。「王子」であるタミーノは、登場した時は「私は王子だ」と名乗る鼻持ちならない人物、つまり封建社会の名残を残している人間だったのだが、パミーナに一目惚れし、彼女を助ける目的がいつの間にか「愛」と「徳」を求めることに目覚め、試練を受けて「人間」として成長する。そして「王女」であるパミーナも、「愛」を求めることによって市民社会の一員となる。彼女は最後はタミーノを助けて「試練」を成就させ、その勇気によって男性と同等になる。

一方、この「光の世界」に足を踏み入れられない人々もいる。自然児パパゲーノ（と、彼のパートナーになるパパゲーナ）はその象徴だ。彼らはドン・ジョヴァンニ同様、社会の枠組みの外にいる。だがモーツァルトは彼らにも、素晴らしい、そして何より共感に満ちた音楽をつけた。人間の本能に忠実で、「試練」から脱落しながらも理想のパートナーを探し求めるパパゲーノの歌う愉快なアリアに、そしてパパゲーノとパパゲーナが結ばれる幸せいっぱいの二重唱に、心を奪われない人はいないだろう。

注目すべきことに、「愛」についての「教訓」をテーマにした美しい二重唱「愛を感じる男のひとたちには」を歌うのは、「王女」のパミーナとアウトサイダーのパパゲーノである。二人は愛の偉大さをこう讃える。「愛はすべての苦しみをやわらげ／生あるものはみな／愛に身を捧げる」。結末はこうだ。「女と男より／尊いものはない」「愛の高貴な目的は明らかだ／それは、男と女を神に近づける」。つまりここで歌われるのは、身分を超えた「愛」、絶対的な「愛」なのである。「愛」がこれほど崇められたことは、《フィガロの結婚》が体現している宮廷社会ではおよそ考えられないことだった。そしてこの絶対的な「愛」こそが、来るべき一九世紀のオペラにおけるメインテーマになるのである。この点でも《魔笛》は、一九世紀を先取りしているのだ。ベートーヴェンはこの二重唱を気に入り、この曲のメインテーマを借りて《魔笛の主題による変奏曲》というチャーミングな作品を書いた。

モーツァルトは、あらゆる身分の人間に、音楽を通じて温かなまなざしを注ぐ。正しい人間だけでなく、滅びゆく者にも、はぐれ者にも。「闇の世界」に君臨する夜の女王のアリアがオペラの歴史に燦然《さんぜん》と輝く名曲であることは、聴いたことがある人なら知っている。それこそが《魔笛》の素晴らしい音楽の源泉であり、時代や国境を超えて多くの人をとらえて離さない魅力の本質なのだ。

《魔笛》は、「愛」と並んで「音楽」を讃美するオペラでもある。そもそも《魔笛》というタイトルは、タミーノが夜の女王から授かった「魔法の笛」に由来している。この笛は「人の心を動かし／悲しみを喜びに変え」「人々に多くの幸福と満足をもたらす」。つまり「音楽の力」の象徴なのだ。動かされるのは人間だけではない。タミーノが笛を吹くと、猛獣もその音色に魅せられてうっとりとなり、喜びの踊りを踊る。タミーノは感動して叫ぶ。「お前の魔法の音は何と強いことか！」。それもまた、モーツァルトの意図するところだったはずだ。

《魔笛》は初演から大成功を収めた。ゲーテは初演の二年後に「どこの家庭人も庭師も《魔笛》を観に）オペラハウスに行く」と驚嘆し、四年後にはある雑誌に「知らない者のないオペラ」と書かれた。《魔笛》はその後も途切れることなく上演され、高い人気を維持しつづけて今日に至っている。二一世紀の今でも、《魔笛》はドイツ語圏ではもっとも上演回数が多いオペラなのである。

初のドイツ語大オペラ《魔笛》は、一九世紀を通じてドイツ人作曲家の原点のような存在となった。ベートーヴェンからヴェーバー、ワーグナーまで、大作曲家たちはこぞって《魔笛》をあがめ、自分たちの手で上演した。ワーグナーの《ニュルンベルクのマイスタージンガー》はドイツの国民オペラと言うべき作品だが、指揮者の大野和士氏によれば、その原点は《魔笛》である。この二作は、青年が試練を通じて成長し、パートナーと結ばれるという「成長物語」としても共通している。

《マイスタージンガー》にはドイツ・ナショナリズムが刻印されているが、それは《魔笛》から始まった面も、まったく否定はできないのだ。何しろ《魔笛》の時代は、ナショナリズムの発端となった「革命」の時代だったのだから。

推薦ディスク（以下、原則としてDVDもしくはブルーレイ。CDなど音しかない場合はその旨を表記）

モーツァルト《フィガロの結婚》

◆クルレンツィス指揮　ムジカエテルナ　ポンダレンコ、ケルメス、アントネルー、ホルンほか　ソニークラシカル　二〇一四（CD）

序曲を聴いた瞬間、「これは革命の音楽だ」と思った。クラシック音楽界の革命児クルレンツィスの指揮による革命的な演奏。ここ二、三〇年で主流になった古楽奏法によるモーツァルトを大胆に極めた名演。

同

◆フレーニ、プライ、ディスカウ、テ＝カナワほか　ベーム指揮　ポネル演出　ウィーン・フィル　映画版　デッカ　一九七六

本演目の古典と言える映像だが、名歌手たちの競演に加え、革命の空気を反映したポネルの演出も色あせない。

同《ドン・ジョヴァンニ》

◆クルレンツィス指揮　ムジカエテルナ　ティリアコス、パパタナシュ、プリアンテ、カレス、ガンシュほか　ソニークラシカル　二〇一六（CD）

第一幕最後の宴会の場面での三つの楽団の演奏を聴くだけで、モーツァルトの音楽がいかに前衛的かを知らしめてくれる名演。

同《魔笛》

◆サルミネン、ベチャワ、モシュク、ハルテリウスほか　ウェルザー＝メスト指揮　ミラー演出　チューリヒ歌劇場ライブ　コロムビア　二〇〇〇

フリーメイソン劇としての側面を出したミラーの演出が興味深い。歌手も第一線。

第二章　ヴェルディとイタリア統一——「建国の父」という神話

故郷ブッセートにあるヴェルディ像

（ここでは、本章の内容上重要と思われるヴェルディのオペラを紹介しておく）

《ナブッコ》

台本　テミストークレ・ソレーラ
初演　一八四二年　ミラノ、スカラ座

あらすじ

紀元前六世紀のエルサレム。粗暴な王ナブッコに率いられたバビロニア軍の侵攻の知らせに、ヘブライ人たちが怯《おび》えている。彼らはナブッコの娘フェネーナを人質にしていたが、フェネーナはヘブライ側のイズマエーレと恋に落ちていた。ナブッコの「腹違いの娘」として育てられたアビガイッレもイズマエーレを愛していたが拒まれ、復讐に燃える。ヘブライの祭祀長ザッカーリアは、フェネーナを盾にナブッコに抵抗しようとするが、イズマエーレがフェネーナを救い出す。勝ち誇るナブッコは、ヘブライ人が敬うソロモンの神殿を焼き払う。

ナブッコ軍の勝利に貢献したアビガイッレは、自分が実はナブッコの娘ではなく、ナブッコの妻のひとりと奴隷との娘だという出生の秘密が書かれた文書を手に入れ、衝撃を受ける。バビロニア人が崇拝するベルの神に仕える大司教は、そんな彼女にクーデターを唆《そその》かす。一方フェネーナはユダヤ教に改宗し、ヘブライ側についていた。アビガイッレたちはフェネーナの裏切りを罵《ののし》り、王冠を渡せと迫る。怒りにかられたナブッコが現れ、自分こそ神だと宣言するが、その瞬間稲妻が彼を襲う。混乱に乗じ、アビガイッレは王冠を奪う。

ナブッコは錯乱し、幽閉された。アビガイッレは言葉巧みに彼を懐柔し、フェネーナを含むヘブライ人たちの死刑宣告書に署名させる。バビロニアに連行されたヘブライ人たちは、望郷の想いにかられる。

牢獄のナブッコは、フェネーナの処刑を知らせる葬送行進曲に我に返り、ヘブライ（ユダ）の神に許しを乞う。忠臣アブダッロが兵士たちを率いて馳せ参じ、ナブッコとともにフェネーナを救出する。ナブッコがベルの神の偶像破壊を命じると、偶像は自ら壊れる。アビガイッレは毒を仰いで息絶え、ザッカーリアはユダの神の信仰に目覚めたナブッコを讃える。

《レニャーノの戦い》

台本　サルヴァトーレ・カンマラーノ
初演　一八四九年　ローマ、アルジェンティーナ劇場

あらすじ

一一七六年のミラノ。バルバロッサ皇帝率いるドイツ軍の侵攻に備え、北イタリアでは「ロンバルディア同盟」が結ばれている。ヴェローナの指揮官アッリーゴは、ミラノ軍の司令官を

務める旧友のロランドと再会するが、ロランドはアッリーゴのかつての恋人リーダと結婚していた。リーダはアッリーゴが戦死したと聞かされ、父の遺言に従ってロランドに嫁いだのだ。衝撃を受けたアッリーゴは、祖国に命を捧げる「死の騎士団」に入会する。驚いたリーダはアッリーゴに手紙を書くが、彼女に欲望を抱くドイツ人捕虜のマルコヴァルドがその手紙を手に入れ、ロランドに渡してしまう。激怒したロランドがアッリーゴのもとを訪れると、そこには手紙の返事がないことを気にしてアッリーゴを訪れたリーダがいた。怒ったロランドはアッリーゴを閉じ込めるが、アッリーゴは窓から脱出し、戦いに駆けつける。

戦闘はイタリアの勝利に終わった。アッリーゴは戦場でバルバロッサを落馬させるが、瀕死の重傷を負う。彼は苦しい息の下でリーダの潔白と祖国への愛を告白しながら息絶え、一同はアッリーゴの魂の平安を祈る。

《シモン・ボッカネグラ》

台本　フランチェスコ・マリア・ピアーヴェ、改訂版アッリーゴ・ボーイト

初演　一八五七年　ヴェネツィア、フェニーチェ歌劇場

改訂版　一八八一年　ミラノ、スカラ座

あらすじ

一四世紀の北イタリア、ジェノヴァ共和国。海の防衛にあたる平民のシモン・ボッカネグラは、対立する教皇派の貴族フィエスコの娘マリアと恋に落ち、女児をもうけていた。娘の不始末に激怒したフィエスコは、マリアを幽閉して死なせてしまう。和解を求めるシモンにフィエスコは女児を要求するが、行方不明と聞いてシモンと絶縁する。マリアの死を知らないシモンは、平民仲間のパオロにマリアとの結婚をほのめかされて総督候補に担がれ、選出されるが、その時マリアの死を知る。

二五年が過ぎた。シモンとマリアの遺児はアメーリアという名で、ジェノヴァの有力貴族グリマルディ家の養女になっていた。グリマルディ家の跡継ぎ娘が夭折し、家を絶やさないため孤児の彼女が身代わりになったのだ。亡くなったグリマルディ家の当主に代わってアメーリアの面倒を見ていたのは、政敵と見なされたために名前を変えていたフィエスコだった。グリマルディ家も、アメーリアの恋人でアドルノ家の跡継ぎガブリエーレもまた、シモンと対立していた。

追放されているアメーリアの兄の釈放を告げにグリマルディ家を訪れたシモンは、アメーリアと話すうちに彼女が娘であると知る。父娘は再会を喜ぶが、政情を考えてこの事実を伏せる。一方パオロは、グリマルディ家の財産欲しさにアメーリアとの結婚をシモンに申し出るが拒絶され、腹いせにアメーリアを誘拐する。

ヴェネツィアとの和平を模索する議会に、フィエスコやガブリエーレに煽動された対立勢力が乱入した。争いをやめて和解をと訴えるシモン。誘拐先から脱出してきたアメーリアは、犯人はこの場にいるとほのめかす。犯人はパオロだと知っているシモンは、一同の前で誘拐犯を呪うようパオロに命じる。

シモンを恨むパオロは、彼の水差しに毒を盛る。何も知らずに水を飲み、眠り込むシモン。パオロに唆されたガブリエーレはシモンを殺そうとするが、アメーリアに遮られる。アメーリアがシモンの娘と知り、後悔するガブリエーレ。シモンは二人の結婚を許す。

結婚式の日、シモンの前にフィエスコが現れ、決着をつけようと迫る。だがアメーリアは自分の娘であなたの孫だと告げられ、すべてを水に流す。パオロは刑場へ曳《ひ》かれ、毒が回ったシモンは娘の腕の中で息絶える。

ナポレオンが口火を切った「イタリア統一」

ご存知のようにイタリアは、そのほとんどが地中海に突き出た長靴のような半島と、その先に浮かぶシチリア島からなる国である。ヨーロッパ大陸の多くの国々と違って、国境の大半は海。その地形もあって、なんとなく最初からひとつの「国」にまとまっているような気がしてしまうのは、遠く離れ、また島国であるために国境を心配することなく続いてきた日本から眺めているせいだろうか。

だがイタリアの国土がほぼ現在のようになったのは、わずか一五〇年とちょっと前のことである。それまでのイタリアは、ローマ帝国が瓦解して以来中小の国家が乱立し、さらに他国に占領され、分断されつづけてきた。イタリアがきわめて地方色が強い国なのは、そんな歴史と無関係ではない。ミラノもヴェネツィアもローマもナポリも、それぞれ個性がある。街並みも、言葉も、食事も。そしてそこに住む人々は、それを誇りにしている。自分は「イタリア人」ではなく、「ミラノ人」「ヴェネツィア人」「ナポリ人」「ローマ人」だと思っているのだ。「うちはイタリアじゃない」は、イタリア人の合言葉だ。イタリア北東の町トリエステに行けば、「うちはずっとハプスブルク家の領土だったからイタリアではない」と聞かされるし（トリエステがイタリアに統合されたのは第一次世界大戦後）、南端のシチリア島に行けば、「うちはイタリアに（統一ではなく）占領されたんだから、イタリアじゃない」と言われるのである。

他人と「違う」ことを極端に恐れる日本人とは対照的に、イタリア人にとって「違う」ことは自慢話である。隣町と数十キロしか離れていなくても、「料理も言葉もこれだけ違う」と主張したがるのだ。イタリア人がまとまるのは、サッカーの国際試合の時くらいだそうである。オリンピックもそれほどではないらしい。

イタリアが「統一」されることになったきっかけは、フランス革命である。フランス革命は、ロベスピエールらによる恐怖政治の後でナポレオンが台頭し、天才的な軍事能力を発揮して対外戦争を乗り越え、皇帝となって権力を握った時点で終わったとされる。そのナポレオンがイタリアに侵入し、各地を占領してフランスの思想や法律を持ち込んだことが、他国に支配されていたイタリアを刺激した。ナポレオンがアルプスを越えた時、「イタリア統一」は始まったのだ。

ナポレオン戦争当時のイタリアの状況をリアルに伝えてくれるオペラが、プッチーニの《トスカ》である。一九〇〇年、つまり二〇世紀になる前年に初演されたこのオペラは、初演からちょうど一〇〇年前の一八〇〇年の六月一七日、ナポレオンの二度目のイタリア侵攻真っ最中のローマが舞台だ。当時のローマは、ナポレオンの最初のイタリア侵攻の時に作られた「ローマ共和国」がナポレオン軍の撤退と同時に崩壊し、スペインが後押しするナポリ王国の勢力下にあった。オペラの主人公トスカは、ローマのオペラ劇場で活躍する歌姫で、その恋人の画家カヴァラドッシは、フランス革命下のパリで成長し、ナポレオンに共鳴する「共和主義者」。彼の友人アンジェロッティは「ローマ共和国」の総督を務めていた人物で、共和国の崩壊と同時に政治犯として投獄されたという設定だ。物語は、アンジェロッティが脱獄したところから始まる。

劇中の重要な背景になっているのが、オペラの三日前の六月一四日に、ナポレオン率いるフランス軍と、ナポリ王国と関係が深いオーストリア・ロシア連合軍との間で戦われた「マレンゴの戦い」である。当初オーストリア軍の勝利が伝えられてナポリ王国側は喜んだのだが、その後、実は勝利は誤報であり、ナポレオンのほうが勝ったという知らせが入った。この誤報騒ぎもまた史実である。

オペラ《トスカ》は、この誤報による逆転劇をうまくドラマに取り入れている。劇中で、アンジェロッティをかくまった罪で拷問を受けていたカヴァラドッシは、戦いが「ナポレオン率いるフランス軍の勝利」だったと聞いた瞬間、躍り上がって「勝利だ！」と叫ぶ。彼が「ナポレオンびいきの共和主義者」であることが、ドラマと不可分の要素になっているのだ。

一方で《トスカ》では、庶民の気分も巧みに描かれている。カヴァラドッシが壁画を描いている教会の堂守は、きわめて保守的な考え方の持ち主で、ローマ教皇やナポリ王国に忠実であり、「フランスかぶれの共和主義者」であるカヴァラドッシを敵視している。教皇のお膝元でもあるローマでは、このような庶民が大半だった。

カトリックの発祥の国であり、総本山のバチカンがあること。これもまた、イタリアという国の政治を複雑にしている要因なのだ。げんにバチカンは、最後まで「イタリア統一」を認めなかった（詳しくは後述）。

「通」のものから「大衆」のものへ――イタリア・オペラの一九世紀

一九〇〇年にお披露目された《トスカ》は一八〇〇年のできごとを扱っているが、それより一〇年前に初演され、同時代、つまり統一後のイタリアを描いているのが、マスカーニの《カヴァレリア・ルスティカーナ》である。舞台はヴィッツィーニというシチリアの山奥の寒村。物語は、酒屋の息子である主人公が、統一後に導入された「徴兵制」のおかげで兵役にとられ、帰ってきたら恋人はほかの男に嫁いでいたので別の恋人を作ったものの、元恋人を諦められずに不倫に走るところから始まる。二人の関係を知らされた元恋人の夫は、昔ながらの復讐の「掟《おきて》」に従って主人公に決闘を申し入れ、主人公はそれを受けてみじめに殺される。それもまた、「統一」の実情だった。

《トスカ》と《カヴァレリア・ルスティカーナ》は、同じ世紀の変わり目に作られながら、前者は歴史を振り返り、後者は同時代の実情をリアルに追う。だが、異なる時代を扱う両者に共通するのは「音楽」だ。二作ともオーケストラが雄弁で、人物の感情やその場のドラマを音楽で語り、合間に美しいアリアや合唱や間奏曲がちりばめられる。ある意味映画に近いから、現代人にもなじみやすい。

だが、《トスカ》の舞台である一八〇〇年頃に作られたオペラの音楽、つまり歌姫トスカが歌っていた音楽は、《トスカ》とはまったく違う。劇中でトスカは、ナポリ王妃の前で、（オペラの原作となったサルドゥの戯曲によれば）「パイジェッロ」という作曲家の祝賀カンタータ（オーケストラ伴奏つきの声楽作品）を歌う設定になっているが、パイジェッロの音楽はプッチーニのように劇的なものとは程遠い、古典的で優美な音楽だった。

一九世紀の前半に大活躍したジョアキーノ・ロッシーニ（一七九二―一八六八）の代表作に、

一八二三年に初演された《セミラーミデ》というオペラがある。ロッシーニと言えば、《セビリアの理髪師》のような喜劇オペラの作曲家として有名だが、最近はシリアスなオペラも復活し、真価が認められてきた。《セミラーミデ》はその手のジャンルを代表する作品である。物語の舞台は古代バビロニア。愛人と共謀して実の夫を殺した女王セミラーミデが、それと知らずに実の息子に恋してしまった果てに暗闇の中で息子に殺されるという、かなりドロドロした、そしてかなり荒唐無稽な物語である。リアリズム満載の《トスカ》とは別世界だ。けれど《セミラーミデ》が、《トスカ》や《カヴァレリア》とは別の意味で聴きごたえ満点なのは、まるで歌合戦のような歌手たちの技比べである。もちろんドラマティックな瞬間もあるが、《トスカ》と比べると次元が違う。

今日ロッシーニのこの手のオペラは以前より上演が増え、一部の熱狂的なファンの支持を得ている。だが《セミラーミデ》が《トスカ》と並ぶ人気を誇る日は、おそらく来ないのではないだろうか。繰り返しだが、《セミラーミデ》の最大の魅力は、曲芸のような歌が次々と繰り出されるところにある。その醍醐味にしびれるようになるまでにはそれなりの時間がかかるし、「歌」そのものや歌手の違いを楽しめる感性が必要だ。前章で取り上げた《魔笛》にも共通するが、ドラマより「音楽」なのである（《セミラーミデ》のストーリーが好きでこのオペラを観る、という人はまずいないと思う）。しかも《セミラーミデ》の場合、《魔笛》のようにキャッチーで親しみやすい音楽とは言えない。《セミラーミデ》はかなり「通」向けのオペラなのだ。《セミラーミデ》と《トスカ》の間には七七年の隔たりがあるが、この間にオペラは、通のものから大衆のものになったと言っていい。

一九世紀、イタリア・オペラは大衆へと近づいた。その中心的な役割を果たしたのが、ジュゼッペ・ヴェルディ（一八一三―一九〇一）である。

ヴェルディの代表作である《椿姫》《アイーダ》《リゴレット》といったオペラは、シリアスなオペラだという点では《セミラーミデ》の延長線上にあるが、《セミラーミデ》よりはるかにポピュラーで、上演回数が多く、音楽も物語もわかりやすく親しみやすい。ちなみに《椿姫》は、世界でもっとも上演回数が多いオペラである（Operabase 調べ）。

一方でヴェルディの名前は、よく「イタリア統一」とからめて語られる。彼はイタリアが統一される二〇年ほど前から活躍を始め、統一後も三〇年以上オペラ作曲家として現役で、統一直後は上院議員も務めた。こんな作曲家はほかにいない。ヴェルディの前に活躍したイタリア・オペラの作曲家たちは、現役の期間がはるかに短い。ロッシーニは一八二九年に三七歳でオペラの筆を折り、ベッリーニは一八三五年に三四歳の若さで逝き、ドニゼッティは一八四四年に梅毒が元で精神を病み、四年後に五一歳で亡くなった。統一の時期をはさんで半世紀にわたって第一線で活躍した作曲家は、ヴェルディだけである。

イタリアの街には、「統一の偉人」であるマッツィーニやカヴール、ガリバルディ（彼らについては後述）の名前をつけた通りや広場が必ずと言っていいほどある。そして同じくらいの頻度

パルマにあるヴェルディ記念碑

で、「ヴェルディ通り」や「ヴェルディ広場」も目につく。ヴェルディも、同じ「統一の偉人」扱いなのである。

「ヴェルディはリソルジメント運動（「イタリア統一運動」。後述）の最も偉大な芸術家であった」「もし、リソルジメントによって、彼および彼の作品が部分的に形作られたとするならば、ある面で彼と彼の作品がリソルジメントを形作っているとも言えるだろう」（ジョージ・マーティン、大野はな恵訳）

ヴェルディの特に初期のオペラは、一九世紀にイタリアが統一される過程で起こった一連の政治的運動＝「イタリア統一運動（＝risorgimento リソルジメント）」に影響を与えたとされる。とりわけ有名なのは、ヴェルディの三作目のオペラで、旧約聖書に登場するヘブライ人のバビロン虜囚を扱った《ナブッコ》(一八四二年初演)が、イタリア人の愛国心をくすぐったために大成功を収めたというエピソードだろう。そのエピソードのために、〈行け、我が想いよ〉はイタリアの「第二の国歌」として位置づけられている。

だが、本当に《ナブッコ》は、そしてヴェルディのオペラは、「イタリア統一運動」を煽ったのだろうか。

それをさぐる前に、イタリアはどのようにして「統一」されたのか、ざっと振り返っておきたい。

偶然が味方した「イタリア統一」

今日の「イタリア共和国」の母体となった「イタリア王国」の成立が宣言されたのは、一八六一年である。その時の首都はトリノ。イタリア北西部、ピエモンテと呼ばれる地域の中心都市であるイタリア第四の町だ。

トリノが統一イタリアの最初の首都になったのは、この町を首都にしていたピエモンテ＝サルデーニャ王国が「イタリア統一」を引っ張ったからである。「統一」の実態は、極端に言えばピエモンテ＝サルデーニャ王国への併合だった。

ナポレオンがアルプスを越える前、イタリアは主にオーストリアとスペインに、直接あるいは間接的に支配されていた。北はオーストリア、南はスペインという構図である。その間には、ローマ教皇を戴く教皇国家とその影響下にあるいくつかの公国が点在していた。

　そんなイタリア半島で独立国として最大の規模を誇っていたのが、フランスのサヴォイア家が興したサヴォイア公国から始まったピエモンテ＝サルデーニャ王国である。「サルデーニャ」は地中海に浮かぶイタリアで二つ目に大きな島（第一はシチリア島）で、サヴォイア家は一七二〇年にオーストリアからシチリア島と引き換えにサルデーニャ島を手に入れ、「サルデーニャ王」の称号を得たのだった。

　ナポレオンがイタリアに侵入したのは、イタリアを支配していたオーストリアを叩くためである。オーストリアやイギリスといったヨーロッパの君主国は、革命の名の下に王政を倒したフランスを恐れ、繰り返し同盟を組んでフランスと戦った。そんな時に出現したナポレオンは、軍人としての天才的な勘を駆使して敵対国を次々と打ち負かす。最終的にフランスはイタリアからオーストリアやスペインを追い出し、半島をほぼ支配下に置いた。ナポレオンが皇帝に即位すると、彼の一族がイタリア各地の領主になった。ヴェルディが生まれた一八一三年、イタリアはまだフランス領だった。だから、彼の洗礼記録はフランス語で書かれている。ナポレオンがロシア戦争の敗北をきっかけに失脚してエルバ島に追放され、後始末のためにウィーン会議が開催されたのは、その一年後だった。

　ウィーン会議で、ヨーロッパの秩序は「ナポレオン前」に戻される。フランスでは王政が復活し、イタリアには再びオーストリアとスペインが入り込み、ピエモンテから追放されてサルデーニャに引っ込んでいたサヴォイア家も返り咲く。だが、フランス革命とナポレオンがイタリアに与えた影響は大きかった。他国に支配されたままでいてはいけない。イタリア半島に住む人々がそう思うようになったのは、この大事件がきっかけである。

最初人々は、共和主義による統一を夢見た。一八〇六年には立憲主義を信奉する秘密結社「カルボナリ」（「炭焼き」の意。炭焼き人の組合を装った結社だったためこう呼ばれた）が誕生。二〇年にはナポリを起点に、三一年には中部イタリアやボローニャで反乱を起こすが、オーストリア軍に蹴散らされる。「カルボナリ」に属していた思想家ジュゼッペ・マッツィーニは、カルボナリの考える立憲主義に飽き足らず、共和制による「イタリア共和国」の創設をめざす政治結社「青年イタリア」を結成した。彼らは目的達成のために武装蜂起を繰り返すが、マッツィーニには軍事的な才能が欠けており、無謀な試みを重ねた。最終的にマッツィーニとその仲間は他国へ亡命するが、「青年イタリア」の思想的な影響は大きかった。「統一された共和国」イタリアへの夢を植えつけたのは、彼らだったのだ。

一八四八年、ヨーロッパ各地で「革命」が雪崩を打つ。一月にはシチリア、二月にはパリ、三月にはウィーン、そしてミラノ。パリの二月革命では、王政復古で王位に復帰していたブルボン王朝が崩壊し、立憲君主制となってルイ・フィリップが即位した。ウィーンでは三月革命が起こり、反動政治を行っていたメッテルニヒが失脚した。「ロンバルド＝ヴェネト王国」の名の下にオーストリアに支配されていた北イタリアでも、「ミラノの五日間」と呼ばれるミラノでの暴動を皮切りに、各地で暴動が起こる。

　暴動はまもなく鎮圧された。オーストリアによる締めつけは厳しくなり、検閲は強化された。繰り返される蜂起と弾圧。それに飽きてきた人々の間で、穏健な統一への道がさぐられるようになる。マッツィーニの主張する共和制ではなく、立憲制度の下での王制へ。その期待を託せると思われたのが、イタリア唯一の独立した王国であり、立憲君主制へと移行していたピエモンテ＝サルデーニャ王国だった。そしてそれを実行できる人物だと期待されたのが、一八五二年にサルデーニャ王国の首相に就任したカミッロ・ベンソ・カヴールである。

　貴族の出身で、外交に長け、現実主義者だったカヴールは、オーストリアを追い出すために他国を味方につけることを考えた。そのためにフランス、イギリスと同盟を組んでクリミア戦争に参戦し、国際舞台でのサルデーニャの存在感を高める。そしてとうとう、ナポレオン三世による帝政になっていたフランスを味方に引き込んでオーストリアと戦い、勝利を収める。その結果、ロンバルド＝ヴェネト王国のうちのロンバルディアがサルデーニャに併合（ヴェネトは一八六六年に併合）。さらに、それまでオーストリアの影響が強かった中部イタリアの三つの公国も住民投票によってサルデーニャとの合併を決め、北イタリア随一の大国ができあがった。

　サルデーニャはこれで満足した、はずだった。だが予想外のことが起こった。天才的軍人ジュゼッペ・ガリバルディが率いる義勇軍、通称「千人隊」が、シチリアから南イタリア一帯を傘下に収めてしまったのだ。しかしガリバルディは最終的に、サルデーニャに献上するような形で、南イタリアを手放したのだった。

カヴールの「統一」計画に、南イタリアは入っていなかった。経済も体制も異なる南イタリアは、お荷物になると踏んでいたのだ。富める北と貧しい南というイタリアの「南北問題」は、ここから始まる。「統一イタリア」には、最初から無理があったのだ。

だが、乗りかかった船から降りるわけにはいかなかった。一八六一年、サルデーニャ国王ヴィットーリオ・エマヌエーレ二世は「イタリア王国」を宣言し、初代の「イタリア国王」となる。しかし、国境を超えたカトリック世界の代表者であるローマ教皇は「イタリア王国」を認めず、その傘下に入ることを拒んだ。ローマ教皇を戴く教皇国家はフランスが防衛していたので、教皇も強気でいられたのである。

一八七〇年に起こった普仏戦争でフランスが敗れ、ナポレオン三世が退位してようやく、フランス軍はローマから撤退し、イタリア軍がローマを占領して、ローマが王国の首都となる。教皇ピウス九世は最後まで自説を曲げず、バチカンから一歩も出ずに世を去った。

一八一三年に生まれ、一九〇一年に亡くなったヴェルディは、この激動の時代を生きた。一八三九年にオペラ作曲家としてデビューし、最後のオペラを発表したのは一八九三年。実に五〇年以上、オペラ界の第一線で現役だった。繰り返しだが、この長寿と、活動した時期がちょうど「統一」の時期と重なり、同国人のライバルがいなかったこと、それは、ヴェルディが「イタリア統一」と結びつけられる大きな要因となったのである。

《ナブッコ》は本当に「愛国オペラ」だったのか

　ヴェルディがオペラ作曲家として最初に成功を収めた作品は、一八四二年にスカラ座で初演された三作目のオペラ《ナブッコ》（正式名称は《ナブコドノゾル》）である。あらすじで紹介したように、この作品は旧約聖書に登場する「バビロン虜囚」の物語に基づいている。成功の大きな理由として語られてきたのは、「バビロニアに囚われたヘブライ人（ユダヤ人）の境遇に、オーストリアの支配下にあったイタリア人が自分たちを重ね合わせて熱狂した」という背景である。つまり《ナブッコ》は、イタリア人の愛国心に訴えた「愛国オペラ」だというのだ。とりわけ囚われのヘブライ人たちの望郷の歌〈行け、我が想いよ、黄金の翼に乗って〉は、ミラノの人々にオーストリアの占領下にある自分たちの暗喩として熱狂的に迎えられ、警察が禁じていたにもかかわらず、アンコールが要求されたという。

　実際〈行け、我が想いよ〉は、今でも「イタリアの第二の国歌」のような扱いを受けており、イタリアの劇場で《ナブッコ》が上演される時は、聴衆は必ずと言っていいほどアンコールを求める。最後の嬰ヘ長調の和音が弱音で長く延ばされ、宙に消えていくように静かに終わると、すかさず、「ビス！（アンコール！）」というささやきの波が起こる。ささやきは次第に大きくなり、いつまでも続く。指揮者が再び、タクトを上げるまで。それは、イタリアの劇場で《ナブッコ》を聴く醍醐味だ。

だが残念?なことにこの「通説」は、三〇年以上前の研究ですでに否定されている。一九八七年に出版された《ナブッコ》の批判校訂版を校訂したロジャー・パーカーによれば、初演の時に実際にアンコールが要求されたのは、全曲の幕切れで一同がエホバ神を讃える合唱〈偉大なるエホバ〉だったのである。

ただし〈偉大なるエホバ〉のテクストは初演前に変更されており、これは検閲を意識した可能性が高い。この変更の意味を読み取った観客が、アンコールを要求したと主張する研究者もいる。

とはいえ、《ナブッコ》の作曲をヴェルディに依頼したスカラ座の支配人バルトロメオ・メレッリは、体制側、つまりオーストリア側に雇われている立場であり、オーストリアの首都ウィーンのケルントナートーア劇場——モーツァルトが活躍した宮廷劇場の後継——の支配人でもあった。《ナブッコ》は初演の翌年の一八四三年に、このケルントナートーア劇場でウィーン初演を果たしている。しかも指揮はヴェルディ本人だった。《ナブッコ》が本当に反体制オペラだったら、そしてヴェルディが熱烈な祖国愛に燃えていたとしたら、敵地ウィーンですんなり上演されたり、彼自身が上演に関わったりしただろうか。

これも想像すればわかることだが、当時のスカラ座の聴衆には、体制側の役人や貴族、つまりオーストリア側の人間も多く混じっていた。《ナブッコ》は彼らにもアピールしたのだ。また出版された楽譜は、ロンバルド＝ヴェネト王国の副王の娘で、ハプスブルク家出身のマリア・アデライーデに献呈されている。

《ナブッコ》の物語は、オペラが上演される前からミラノではよく知られていた。台本を書いたテミストークレ・ソレーラは、物語の原典である旧約聖書ではなく、オーギュスト・アニセ＝ブルジョワとフランシス・コルヌという二人のフランス人劇作家によるフランス語の戯曲『ナブコドノゾル』をベースにした。この戯曲は一八三六年にパリで初演されて大ヒットし、三八年にはイタリア語訳が出版されて、翌三九年にはミラノで上演されている。さらに、イタリアでは翻訳が出た年にバレエ《ナブコドノゾール》が作られ、スカラ座で初演されて三五回の上演を数える大成功を収めた。つまり《ナブッコ》は、旧約聖書の物語でなじみがあった上に、その頃のスカラ座の聴衆にとってはつい最近のヒット作として記憶に新しかったのだ。だとすれば、聴衆は、物語より音楽そのものに熱狂したのではないだろうか。

ロッシーニのオペラに《エジプトのモーゼ》（一八一八年、ナポリ初演）という作品がある。《ナブッコ》と同じく旧約聖書が出典で、エジプトから脱出するヘブライ人たちを描く物語だ。大詰めでは、ヘブライ人の指導者で「十戒」で有名なモーゼが神に祈りを捧げ、行く手をはばむ紅海が開いて海底に道が現れる奇跡が起きる。紅海を前にヘブライ人たちが祈る合唱曲〈星の輝くあなたの玉座から〉は、《ナブッコ》の〈行け、我が想いよ、黄金の翼に乗って〉と同じようなヘブライ人の祈りの合唱で、〈行け、我が想いよ〉に次ぐ愛国的合唱曲と位置づけられている（この合唱曲は、初演の翌年の改訂版で付け加えられた）。トスカニーニは、第二次世界大戦で爆撃されたスカラ座が再建された時の開場コンサートで、スカラ座の合唱団を指揮してこの二曲を演奏した。

ちなみに《エジプトのモーゼ》は、《ナブッコ》の初演より前にスカラ座で何度も上演されており、《ナブッコ》にも影響を与えたと思われる。

だが〈星の輝く〉は、〈行け、我が想いよ〉よりちょっと複雑だ。一節ごとにソリストが歌い出し、それに応じるように合唱が続く。ソリストの歌にはわずかながら装飾的な部分もある。それに対して〈行け、我が想いよ〉はずっとシンプルだ。先導するソリストはおらず、四声部に分かれた合唱はほぼユニゾン（斉唱）で進む。付点音符や三連符が混じるメロディはリズミカルで、なじみやすく口ずさみやすい。

このわかりやすさ。それこそ、《ナブッコ》における「新しい響き」だったのではないだろうか。

「愛国オペラ」に限らず、《椿姫》にしても《リゴレット》にしても、ヴェルディの人気オペラがそれ以前のロッシーニのような作曲家の作品と違う点のひとつは、全曲が口ずさめてしまえるほど親しみやすいということである。ロッシーニの代表作《セビリアの理髪師》もメロディの宝庫だが、早口言葉や超絶技巧も多く、口ずさめるようなメロディとはちょっと違う。言ってみればヴェルディの「歌」は、「みんなの歌」なのである。合唱曲は、その最たるものだ。

「ヴェルディのメロディは自然に、流れるように、明快に展開する。決してためらったり、飾ったりしない」（『ガッゼッタ・ディ・ミラノ』紙。小畑恒夫訳）。

《ナブッコ》以後の「愛国オペラ」

《ナブッコ》以降、一八四〇年代に作曲されたヴェルディのいくつかのオペラには、愛国的な響きやメッセージがあるとされる。

例えば、《ナブッコ》の翌年に発表された《第一次十字軍のロンバルディア人》は、エルサレムに遠征した第一次十字軍が題材で、エルサレムが十字軍の手に落ちる＝解放されるストーリーなので、《ナブッコ》同様ミラノ市民の解放への欲求が反映されていると言われることがある。

だが、台本は問題なく検閲を通っているのだ（ミラノの大司教＝カトリック教会からは、劇中にある「改宗」のような宗教的要素を舞台に上げることは、神への冒瀆だとクレームがあったが）。もし秘められた反体制のメッセージがあるとしたら、検閲で止められた可能性は高い。

また本作は、ハプスブルク家出身で、かつてナポレオンの皇妃だったパルマ公国領主のマリア・ルイジアに献呈されている。ヴェルディはパルマ公国の出身で、若い頃マリア・ルイジアの支援を受けたことがあるし、またマリア・ルイジアは《ナブッコ》のパルマ初演に臨席し、二度目の上演にも現れて金のタイピンをヴェルディに賜った。ハプスブルク家の女領主とヴェルディとの関係は、良好だったのである。

「政治的メッセージ」を込める資格は、作曲家よりむしろ台本作家にあるかもしれない。《ロンバルディア人》は《ナブッコ》と同じ、テミストークレ・ソレーラが台本を書いている。ソレーラはヴェルディとは彼のオペラ第一作《オベルト》からの付き合いだが、彼の人生はヴェルディよりはるかに政治的かつ波瀾万丈だった。カルボナリに加わって逮捕されたこともあるし、統一前後の時代にはナポレオン三世とカヴールやヴィットーリオ・エマヌエーレ二世の間の密使として活躍している。女性関係も盛んで、なんとスペイン王妃もアヴァンチュールの相手だった。一方ヴェルディはマッツィーニの思想に共鳴した時期もあったが、政治結社に加わったりはしていない。

《ナブッコ》の成功を受けて依頼され、作曲されたからだろう、《ロンバルディア人》は、あちこちで《ナブッコ》に似通った印象を与える。合唱が活躍し、十字軍の兵士たちと巡礼たちが故郷をなつかしむ合唱〈おお主よ、あなたは聖なる約束をもって〉と、幕切れの讃歌風の大合唱〈勝利をもたらす偉大なる神よ〉は、それぞれ《ナブッコ》の〈行け、我が想いよ〉と〈偉大なるエホバ〉に似ている。また最後の幕には、兵士と巡礼が聖地奪還を誓う〈戦いだ、戦いだ〉という威勢のいい合唱もある。ヴェルディのこのようなオペラでは、合唱はかつてなく重要な役割を担った。

ソレーラはあと二本、ヴェルディのオペラの台本を書いている。あのジャンヌ・ダルクがヒロインの《ジョヴァンナ・ダルコ》(第五章参照)と、五世紀にイタリアに侵入したフン族の王アッティラが主人公の《アッティラ》である。いずれも勇ましいオペラで、愛国的なトーンを聴きとることも不可能ではない。どちらも初演は成功を収めたが、とりわけ一八四六年に初演された《アッティラ》には、ローマの将軍エツィオがアッティラに向かい「全世界はあなたにあげよう、だがイタリアは俺に任せてくれ」と交渉する台詞があり、これが半島の人々の「イタリア」意識にアピールしたと言われている。

また、別の台本作者による《マクベス》（二三〇ページ以降）は、ヴェルディが敬愛していたシェイクスピアの戯曲に基づくオペラで、本来愛国的な作品ではない。だがヴェルディは、おそらく時勢に配慮して、原作にはないスコットランド難民が祖国を想う合唱を挿入している。

これらヴェルディの「愛国オペラ」の一部は、一八四八年の革命前あたりから、そのメッセージ性が注目されるようになった。《ナブッコ》の〈行け、我が想いよ〉や、《ロンバルディア人》の〈おお主よ、あなたは聖なる約束をもって〉が人気を獲得するのも、この時期以降のようだ。四八年の革命直前には、〈おお主よ〉や、後述する《ノルマ》の合唱〈戦いだ、戦いだ〉は、音楽とはまったく関係なくアンコールされたという。

「革命の年」とされる一八四八年に起こった「ミラノの五日間」は、ヴェルディに彼の作品の中でもっとも政治的と見なされているオペラを書かせた。革命の翌年、四九年の一月にローマで初演された《レニャーノの戦い》というオペラである。「イタリア万歳！」という勇ましい合唱で始まり、「戦い」や「自由」という言葉がふんだんに盛り込まれたこのオペラは、一二世紀にイタリアに侵入した神聖ローマ皇帝フリードリヒ・バルバロッサを、北イタリア諸都市の連合軍である「ロンバルディア同盟」が撃退した史実が背景になっており、いかにも時節にふさわしい。

この時のローマは、革命運動を恐れて教皇がローマを脱出し、「主」のいない空白状態にあった。そしてオペラ初演の二週間ばかり後には「ローマ共和国」が創設される。《トスカ》に出てくる「ローマ共和国」以来、ほぼ半世紀ぶりである。《レニャーノの戦い》の初演は大成功を収めたというが、想像がつく。

ただし、題材を提案したのはヴェルディではなく、台本作者だった。台本を書いたサルヴァトーレ・カンマラーノが、「イタリアの歴史でもっとも栄光に満ちた時期、例えばロンバルディア同盟のようなもの」を描こうとヴェルディに持ちかけたのだ。

その「ロンバルディア同盟」の物語は、実はフランスの歴史の流用である。原作は、フランスの劇作家ジョセフ・メリによる『トゥールーズの戦い』。物語にまつわる歴史的できごとは、ごく直近の時代、ナポレオンと英国、スペイン、ポルトガルの連合軍との戦い（一八一四年）だった。それを台本作家のカンマラーノが、一二世紀のイタリアに移し替えたのだ。当時のオペラではよくあることだったし、物語の本筋は名誉のために死を選ぶ男の物語だから、時代は一九世紀でも一二世紀でもかまわないのかもしれない。しかし、「名誉のために死を選ぶ」のはともかく、「祖国のために命を捧げる」という価値観は、まさにフランス革命を経て「国民国家」が形成されてから生まれた価値観だ。この作品に、そしてオペラという芸術に限ったことではないが、題材として扱われた「歴史」は、その作品当時の「歴史」の写し絵なのである。「ミラノの五日間」は、ミラノが初めてオーストリア支配に対して起こした反乱であり、当初は成功して共和制が宣言されたから、ヴェルディももちろん興奮した。反乱が勃発した当時パリにいたヴェルディは、戦闘が終わって二週間ほど経ってからミラノを訪れ、バリケードを目撃して感嘆の声をあげている。しかし帰国の目的は、革命に加わることではなかった。故郷の土地を買うことだったのである。

人間が何を考え、何を望んでいるかは、言葉や身振りより行動を見ればよくわかる。この時の彼の行動が筋金入りの愛国者にふさわしいとは、あまり思えない。

その点、次章で取り上げるワーグナーが、一八四八年の革命を受けて翌四九年にドレスデンで起こったドレスデン蜂起に実際に加わり、その結果実に一五年の亡命生活を強いられたのとは対照的だ。いろいろな点で、ヴェルディよりワーグナーのほうがはるかに政治的な人間である。

ヴェルディ以前の「愛国オペラ」

実は「愛国オペラ」は、ヴェルディ以前にいくつも存在している。作曲家たちもそれぞれに国を憂えていた。ひょっとしたらその思いはヴェルディ以上だったかもしれない。

喜劇オペラで人気を博し、謎の引退をしたりグルメで有名になったりと、軽い人物のように思われがちなロッシーニも、熱烈な「愛国オペラ」をいくつも作曲している。

例えば《アルジェのイタリア女》（一八一三年初演）。北アフリカのアルジェに流れ着いたイタリア女が自分に言い寄る太守をとっちめて恋人と脱出するドタバタコメディで、ナンセンス喜劇の印象が強い作品だが、一方で全曲の幕切れ近くには、ヒロインのイタリア女イザベッラがアルジェの太守ムスタファの奴隷になっているイタリア人を鼓舞する〈祖国のことを考えなさい〉というアリアがある。この曲には明らかに「外国支配と圧制によって蹂躙され続けているイタリア人への扇動的なメッセージが込められている」（ロッシーニ研究家の水谷彰良氏）。さらに、それに続くイタリア人奴隷たちの合唱には、「ラ・マルセイエーズ」の旋律が忍ばせてあるのだ。フランス革命下で対オーストリア戦争が起こった時に革命歌として作曲され、後にフランス国歌になったあの歌である。

《アルジェのイタリア女》から二年後の一八一五年、ナポレオンがエルバ島を脱出し、フランス軍がイタリアに侵攻する。ボローニャにいたロッシーニは、現地の愛国者たちに「独立讃歌」の作曲を依頼され、〈起てイタリア、今や時満てり〉という勇ましい讃歌を作曲したのだった。

《エジプトのモーゼ》が《ナブッコ》の先駆であることはすでに触れた通りだし、一五世紀のトルコ軍によるギリシャ征服を描いた《コリントの包囲》（一八二七年初演。《マホメット二世》の改訂版）というオペラは、当時進行していたギリシャ独立運動を支持する政治的メッセージに満ちた作品だ。だがロッシーニの愛国路線の究極は、彼の最後のオペラで、一八二九年にパリで初演された《ギョーム・テル》（フランス語名。一般には《ウィリアム・テル》の呼び名で知られる）だろう。この作品はずばり、当時の北イタリア同様ハプスブルク家に支配されていたスイスの独立運動の物語である。どの幕にも抵抗や戦闘の場面があり、愛国者の合唱やら独立を誓う三重唱やらが目白押しだ。《ナブッコ》などよりよほどストレートな愛国物語なのである。音楽も、勇ましく熱い響きに満ちあふれている。そのためイタリアでは検閲に引っかかり、さんざん手を入れられたヴァージョンが上演された。特に劇中にひんぱんに登場する「自由」という言葉は徹底的に削除された。「自由」という言葉が愛国的なものであったことは、ロッシーニ自身が後にこう語っていることからも明らかだ。「私が故郷や、故郷が満たす高貴な感情に対して、どれだけ情熱的であるかを示すように、《ウィリアム・テル》には『自由』という言葉を入れました」（谷利淳訳）。

　ロッシーニより一世代若いヴィンツェンツォ・ベッリーニ（一八〇一―三五）も、自作のオペラで同じようなアジテーションを行っている。彼の代表作《ノルマ》（一八三一年初演）は、ローマ帝国に占領されている紀元前一世紀のガリア（現在の北フランス）に設定されており、《ナブッコ》同様、外国支配下のイタリアの暗喩と受け取れる。実際、ガリア人たちは劇中で絶えずローマ人に対する蜂起の機会をうかがい、巫女ノルマがローマ人との戦いを宣言すると〈戦いだ！　戦いだ！〉と鬨《とき》の声のような勇ましい合唱を繰り広げるのだ。〈行け、我が想いよ〉よりよほどストレートで、愛国的に響く一曲である。

実際この合唱は、統一運動の最中も愛唱された。統一直前の一八五九年一月一〇日、スカラ座の天井桟敷で興奮した聴衆が〈戦いだ！　戦いだ！〉を歌った記録もあるし、統一がなった一年後の一八六二年、ボローニャで発行された『ボローニャの忠告者』という新聞には、統一を支えた合唱曲のうちもっとも「拍手を受けた」合唱として、〈戦いだ！　戦いだ！〉が挙げられている。

ベッリーニの最後のオペラとなった《清教徒》は、一七世紀にイギリスで起こった清教徒革命時代の物語だが、第二幕の幕切れには〈ラッパを鳴らせ〉という愛国的で勇壮な二重唱が登場する。私的に対立していた二人の男が、同じ「議会派」に属していることを思い出し、「王党派」に対する勝利を誓うのだ。優美な旋律で知られるベッリーニにしては勇ましい二重唱で、歌詞通りラッパに伴われ、行進曲のようなリズムで歌われる。初期のヴェルディのオペラによく出てくる、勇猛な音楽にとても近い。ベッリーニのほうが歳上なのだから、ヴェルディが真似たというのが正しいのだろう。

ただ、ベッリーニがあくまで「ここ一番」の勇敢なシーンにこの手の音楽を使ったのに対し、《ナブッコ》《ロンバルディア人》のようなヴェルディの初期オペラでは、この手の勇壮な音楽が大半だ。ヴェルディの場合、アリアの後半も行進曲風のリズムになり、合唱が加わって盛り上げるパターンがよく出てくる。直線的で力強い印象を与えるユニゾンの旋律も多用される。

だから煽られる。「愛国的」に響くのである。

とはいえ、ベッリーニは立派な「愛国者」だった。ナポリ音楽院で学んでいる時、秘密結社「カルボナリ」に加わっているのだ。一八二〇年にナポリで「カルボナリ」の蜂起が起きた時には、関係していた可能性を疑われている。

国家統一運動の時代に活躍した作曲家で、当時の人々の心に訴え、愛唱された合唱やオペラを書いた作曲家はほかにも大勢いる。ヴェネツィア出身で、当時の統治者だったオーストリアの軍に所属しながらマッツィーニの「青年イタリア」のメンバーになり、一八四四年に蜂起を起こして失敗し、処刑されたバンディエラ兄弟は、サヴォリオ・メルカダンテのオペラに出てくる合唱〈国のために死す者、それはじゅうぶん生きてきたのだ〉を口ずさみながら銃殺された。一八四五年にヴェネツィアで初演された、ジョヴァンニ・パチーニの《ロレンツォ・ディ・メディチ》というオペラは、外国支配からの解放をテーマとしており、イタリア統一までの時期に各都市で上演されたという。パチーニもメルカダンテも、当時の人気作曲家だった。

また一八四八年の「ミラノの五日間」の後に閉鎖されたスカラ座を補うように営業していたカルカノ劇場で、愛国歌を歌う集会が行われた時には、サネッリという作曲家の《ジェンナーロ・アネーゼ》という愛国的なオペラが上演されたという。

けれど今日、彼らの名前が「イタリア統一運動」と結びつけて語られることはまずない。メルカダンテやパチーニは作曲家として忘れられてしまったからともかくとして、オペラ作曲家として今なお高く評価されているロッシーニやベッリーニも、「統一運動」と結びつけて語られることは少ない。「イタリア統一」に関係したオペラ作曲家と言えば、とにもかくにもヴェルディなのである。

なぜヴェルディは「建国の父」になったのか

なぜヴェルディは「建国の父」になったのか。

その理由は、再三だが彼がその時代を生きたということ、そして、後世の取り扱いにある。

イタリアが統一された一八六一年、ヴェルディは四八歳。働き盛りのまっただなかだった。ロッシーニは存命だったが三〇年以上前にオペラの世界から引退し、ベッリーニは四半世紀前に世を去っていた。一方ヴェルディは一八五〇年代には《リゴレット》や《椿姫》といった名作を世に送って名声を高め、五五年には《シチリアの晩鐘》というオペラを、当時のヨーロッパ・オペラ界の中心だったパリのオペラ座のために作曲した（オペラ座デビューはすでに済ませていたが、パリのために書き下ろしたオペラは初めてだった）。生まれ故郷であり、ずっと住まいを構えていたパルマ公国が、一八五九年に住民投票でサルデーニャへの併合を決めた時には、パルマ公国を代表するメンバーの一員としてサルデーニャの首都トリノを訪れ、国王ヴィットーリオ・エマヌエーレ二世や宰相カヴールに面会している。その頃のヴェルディはカヴールに心酔しており、イタリア統一後、カヴールの勧めで国民議会の議員に立候補して当選し、上院議員になった。社会的にも、イタリアの名士になったのだ。こんなオペラ作曲家はほかにいなかった。

ヴェルディがいかに「国家統一」のシンボルになっていたか示す有名なエピソードが、統一直前に生まれている。一八五九年、ローマで、彼の《仮面舞踏会》というオペラが初演され、大成功を収めた時、「VIVA VERDI!=ヴェルディ万歳」というコールが沸き起こったという言い伝えだ。「VIVA VERDI!」はきわめて政治的な暗喩だったとされる。というのも、「VERDI」という綴りは、「イタリア国王ヴィットーリオ・エマヌエーレ二世　Vittorio Emanuele Re D'Italia」の頭文字になる。人々は「ヴェルディ万歳！」と叫びながら、実は「イタリア国王ヴィットーリオ・エマヌエーレ万歳」と叫んでいた、というわけだ。この時、イタリアは統一の二年前。つまりローマの人々は、統一前から、サルデーニャ国王だったヴィットーリオ・エマヌエーレ二世が、「イタリア国王」になることを熱望していた、ということになる。イタリアでは歴史の教科書に出てくるほど、有名なエピソードだ。

壁に「VIVA VERDI」と落書きする人々を描いたリトグラフ

だが、「国家統一運動」とヴェルディとの関係について詳細な資料研究を行ったドイツの研究者ビルギット・パウルスによると、このエピソードを証明する同時代の資料はない。このエピソードが登場する初の資料は、一八七五年に、それもウィーンで活躍した有名な批評家、エドゥアルト・ハンスリックが著した『近代のオペラ』という書物である。また、人々が「VIVA VERDI!」と叫んだり、この一句を壁に落書きしたりしている様子を描いた有名なリトグラフがあり、あちこちの書物に引用されているが、パウルスによればこのリトグラフが初めて印刷されたのは、ヴェルディが亡くなった一九〇一年のことだという。そしてこの時期を境に、ヴェルディの英雄化、神話化が進み、文献の数も爆発的に増えたという。

「VIVA VERDI!」のエピソードは、ファシズムを奉じたムッソリーニが政権を握っていた一九二八年、教科書に採用された。政権は、「イタリア」をまとめなければならなかったのだ。「統一」の物語はそのために必要であり、その時代を代表する作曲家だったヴェルディは「神格化」された。本当はムッソリーニは、作曲家としてはヴェルディより《カヴァレリア・ルスティカーナ》の作曲家マスカーニのほうが好きだったのだが。

マスカーニのほうでも、出世を考えてムッソリーニに近づいた。そのため第二次大戦後は財産を没収され、ローマのホテルで客死している。

統一後の現実と幻滅

イタリアの「統一」は、茨の道だった。南イタリアも巻き込んでの「統一」が半ば偶然だったことは触れたが、ナポリやシチリアでは「イタリア」という言葉を知らない人々が大勢いたという。統一直後に行われた国勢調査では、文盲率は六六％にのぼったが、その内訳は南北で大きな差があり、北は五〇％、南はなんと九〇％に達していた。南の大半の人々にとって「統一」とは何のことか、理解できなかったのではないだろうか。憲法も新しく作られたわけではなく、サルデーニャ王国の憲章がそのまま適用された。シチリア人が、「イタリアに占領されたという思いを抱くのも自然かもしれない。その前の（スペイン系の王朝による）「両シチリア王国」が、「サルデーニャ王国」に代わっただけなのだから。

カヴールの前のサルデーニャ王国首相で、文学者でもあったマッシモ・ダゼーリョは、亡くなる直前まで「イタリアを民族の実体としてまとめる」「イタリア人を形成する」ことができていないと憂えていた。その課題は、おそらく今でも続いている。

経済的にも、南北問題は深刻だった。新生イタリア王国の財政はもともと厳しく、さらに「南」を背負い込んだことで経済的負担は膨れ上がった。北部は産業化、工業化が進んだが、南部は取り残された。税金は重くなり、徴兵制など負担の大きい政策が導入された。当然反発は強く、あちこちで一揆が頻発するが、徹底的に弾圧された。イタリア王国の政府は、反乱に加わった人々を「山賊」呼ばわりした。一八九〇年の《カヴァレリア・ルスティカーナ》は、そんな時代のシチリアの物語なのだ。

ちなみに《カヴァレリア》は、出版社ソンゾーニョが主催する新作オペラコンクールに応募し、勝ち残ったことで世に出た作品である。マスカーニも、《カヴァレリア》の成功で名声を得た。ヴェルディがデビューした頃はコンクールなどはなかったし、またそんな賭けのようなことをしなくても、新人作曲家は容易にデビューできた。過去の作品を繰り返し上演するレパートリー制がそれほど定着しておらず、絶えず新作が求められたという事情もあった。

だが統一以後の経済危機はオペラ界をも直撃し、多くの劇場の活動は停滞した。閉鎖に追い込まれた劇場も少なくなかった。劇場事情は、統一後より統一前のほうがはるかに活発だったのである。

停滞したのは創作面も同じで、フランスからは一九世紀のパリで一世を風靡したフランス・グランド・オペラ、そしてドイツからはワーグナーのオペラが流入した。一九世紀後半にスカラ座で人気があったのは、ヴェルディよりマイアベーアやグノー、マスネらによるフランス発のグランド・オペラだった。そして若いインテリは、ワーグナーのオペラに夢中になっていた。一方でヴェルディの新作オペラは、彼が有名になって作曲料が高くなったこともあり、イタリアではなくもっぱら外国の劇場(パリ、サンクトペテルブルク、カイロなど)からの注文で作られるようになっていた。イタリアにおける彼の存在感は、かなり薄れていたと言えるのではないだろうか。

《ナブッコ》の作曲時の逸話としてよく知られているのが、ヴェルディが初めて《ナブッコ》の台本を渡された時の話である。当時ヴェルディは二年という短い間に妻子を次々と亡くし、また一年ほど前にスカラ座で初演された二作目のオペラが大失敗に終わって、失意のどん底にあった。そんな彼に、スカラ座の支配人が、他の作曲家に打診して袖にされた（！）《ナブッコ》の台本を、作曲してみないか、と渡した。ヴェルディは気乗りがしなかったのだが、下宿に帰ってその台本を放り出した時、偶然開いたページにあった「行け、我が想いよ、黄金の翼に乗って」という一節に目を留め、作曲する気になった、というエピソードである。

しかしこれも、「VIVA VERDI!!」同様、信憑性という点ではあやしい。エピソードの出どころはヴェルディ自身なのだが、作曲当時や直後ではなく、はるか後、一八七九年に出版された『自伝的回想』で語った言葉なのだ。その頃は、初演の時にアンコールが要求された〈偉大なるエホバ〉より〈行け、我が想いよ〉のほうが有名になっていたから、それを意識しての発言という可能性も否定できない。ヴェルディの影が薄くなっていた時の発言なのだから。

《シモン・ボッカネグラ》に見る「政治」の影

「イタリア統一」がなった後、ヴェルディのオペラから政治的なメッセージは消えたのだろうか。

そうは思えない。むしろ、統一前より自発的に政治的メッセージを発しているように感じられる作品もある。

例えば《ドン・カルロス》。一八六七年にパリのオペラ座で初演された、一六世紀スパインを舞台にした大作だ。この中で、スペイン国王フェリペ二世は、冷酷な宗教裁判長とはげしく対立する。ここに、当時のイタリアを悩ませていた教皇と国王の対立——あくまで「イタリア王国」を認めない教皇ピウス九世は、ヴィットーリオ・エマヌエーレ二世を破門した——を投影することも、不可能ではない。

例えば《アイーダ》。カイロのオペラハウスの依頼で作曲され、一八七一年に初演された、古代エジプトを舞台にしたオペラだ。物語の軸は若い恋人たちの三角関係だが、背景にはエジプトとエチオピアの戦争がある。「祖国（郷土）patria」という言葉が繰り返され、開戦を告げる猛々しい合唱もある。

さらに《アイーダ》には、作曲中に普仏戦争を起こしたプロイセン国王ヴィルヘルム一世への反感が織り込まれている。この戦争のおかげで、パリで作られていた《アイーダ》のセットと衣装は足止めされ、初演は一年近く延びた。ヴェルディは「やたらに神意を持ち出す」ヴィルヘルムに憤り、有名な「凱旋の場」に、「ヴィルヘルム王の電報」にある以下のような台詞を参考にして、神官たちの合唱を加えてほしいと台本作家に頼んでいる。「われわれは神意によって勝った／敵は降伏した／神はさらにわれわれに味方するだろう」。オペラ《アイーダ》では、この神官たちが一番冷酷で、主人公の恋人たちを死に追いやるのだ。神官は、もちろんヴィルヘルム一世の暗喩である。

だがその傲慢な王に率いられたプロイセンは勝利し、フランス皇帝ナポレオン三世は退位に追い込まれる。そしてドイツもまた「統一」されたのだった（第三章を参照）。

「統一」されていないイタリアの惨状に対するヴェルディの明確なメッセージは、統一前の一八五七年に初演され、統一から二〇年後の一八八一年に大幅に改訂された《シモン・ボッカネグラ》というオペラににじんでいる。この作品は、一四世紀のジェノヴァ共和国に実在した平民出身の総督が主人公で、当時のジェノヴァの平民と貴族の対立が背景になっている。改訂に際し、ヴェルディは「劇的ではなく政治的な」（本人の言葉）理由から、議会の場面を新しく付け加えた。この場面には、改訂前には存在しなかった、主人公であるジェノヴァ総督シモンの理想的な政治家としての面が描かれている。彼はここで、ヴェネツィアとの戦争を叫ぶジェノヴァ人たちを「私たちは共通の祖国を持っている」となだめ、さらに当地ジェノヴァで起こっている平民と貴族の対立が目の前で繰り広げられると、争いをやめて「平和を！（pace!）」と訴えるのだ。このシーンの音楽はとても美しく、感動的だ。大合唱の中から、「pace!」の一語が天国的な音楽とともに浮かび上がる。混迷の中にさすひとすじの光のように。ジェノヴァの海を渡る清々しい風のように。

この場面が書かれた数年前、イタリアには左派政権が誕生していた。左派政権と言っても、立憲君主制を支持する穏やかなものである。彼らは本格的な「国民」形成に乗り出した（この点を見ても、彼らが共和主義者ではないことは明らかだ）。一八七七年には、「祖国と国王に献身的で、家族に有益な……教育のある国民を形成する」ことを初等教育の目的とする法律が公布されている。その翌年には国王が代わり、国民を形成するための政策にはいっそう力が入れられるようになる。そのような時代と《シモン》に託されたメッセージには、響き合うものがある。

シモンに限らずヴェルディのオペラの登場人物は、どこかしら「立派」で、「道徳的」な人物が多い。一九世紀パリの高級娼婦で、その過去ゆえに恋人を諦める「自己犠牲」を強いられた《椿姫》のヒロインもそうである。同じ時代の、同じような境遇のヒロイン――貧しいお針子で、純情なようでいて実はパトロンがいたりする娼婦予備軍――であるプッチーニの《ラ・ボエーム》のヒロインは、「愛」のためには純粋でも、社会的な行為などとは無縁だ。それは、二人の作曲家の気質の違いもあるだろうし、時代の違いもあるように思われる。イタリア統一の三年前に生まれたプッチーニのオペラには、「優れた、立派な指導者」など登場しない。《カヴァレリア・ルスティカーナ》のマスカーニも同じである。同じシチリアを舞台にしたオペラでも、ヴェルディが書いたのは、一二世紀のシチリア人の反乱を扱った《シチリアの夕べの祈り》だった。

二〇世紀前半のイタリアの歴史を描いたベルナルド・ベルトルッチの有名な映画『一九〇〇年』に、ヴェルディの有名オペラ《リゴレット》の主人公である道化師の格好をした男が、「ヴェルディが死んだ」と泣きながらさまよう場面がある。ヴェルディの死は一九〇一年、映画が公開されたのは一九七六年。「建国の父」ヴェルディのイメージが定着していた時代だ。

だが前述したように、二〇世紀の始まりの年だったヴェルディの「死」も、おそらく国民形成のために利用されたのである。

しかし、歴史は、時代は、時に皮肉なしっぺ返しを突きつける。

「イタリア統一運動」を後押ししたとされてきた〈行け、我が想いよ〉は、今では右翼政党「北部同盟」の愛唱歌となっている。一九九〇年代に、北部の自立を旗印に生まれた政党だ。

現在「北部同盟」は、北部の独立こそ主張していないものの、イタリアの連邦制、反EU、反移民政策で支持を集め、現アメリカ大統領のドナルド・トランプに共鳴している。つまり排他的な政党なのだ。その政党のアピールに、「イタリア統一」のシンボルソングが使い回される。悲劇というか皮肉というか。ヴェルディが知ったら何と言うだろうか。同じ《ナブッコ》に、「共存」というメッセージを読み取るアーティストも少なくないのに。

「《ナブッコ》では、最後に全員が同じ神を讃えます。これは、共存というメッセージではないかと思うのです」（指揮者の園田隆一郎）

推薦ディスク

ヴェルディ《ナブッコ》

◆ヌッチ、リベイロ、テオドッシュウ、キウーリほか　マリオッティ指揮　アバド演出　パ

ルマ王立歌劇場ライブ　キングインターナショナル　二〇一二

ヴェルディの故地に近いパルマのヴェルディフェスティバルにおけるライブ録画。イタリアの国宝的バリトン歌手ヌッチの名唱と、マリオッティの冴え渡る指揮が楽しめる。

同《シモン・ボッカネグラ》

◆ヌッチ、スカンディウッツィ、メーリ、イヴェーリほか　カッレガーリ指揮　ガッリョーネ演出　パルマ王立歌劇場ライブ　キングインターナショナル　二〇一〇

名歌手競演、これぞイタリア・オペラ。

ロッシーニ《ギョーム・テル》

◆フローレス、アライモ、レベカ、オルフラほか　マリオッティ指揮　ヴィック演出　ペーザロ、ロッシーニ音楽祭ライブ　デッカ　二〇一三

ロッシーニの聖地ペーザロで開催されるロッシーニ音楽祭でのライブで、フランス語版による上演。音楽的レベルが恐ろしく高い超名演。

ベッリーニ《清教徒》

◆フローレス、マチャイゼ、ダルカンジェロほか　アリ演出　マリオッティ指揮　ボローニャ歌劇場ライブ　デッカ　二〇一〇

最高峰の歌手と指揮者が揃った名演。演出も伝統的で親しみやすい。

第三章　ドイツ統一とワーグナーのオペラ

《タンホイザー》の舞台、ヴァルトブルク城

《タンホイザーとヴァルトブルクの歌合戦》

作曲・台本　リヒャルト・ワーグナー
初演　一八四五年　ドレスデン、宮廷歌劇場

あらすじ

一三世紀初めのテューリンゲン。騎士歌人のタンホイザーは、領主ヘルマンの姪エリーザベトという恋人がいながら、キリスト教で禁じられた異教の女神ヴェーヌス（＝ヴィーナス）が住む「ヴェーヌスベルク」でヴェーヌスとの愛欲にふけっていた。だが、肉欲に溺れる日々に飽きたタンホイザーは人間界に戻り、ヘルマンが主催するヴァルトブルク城での歌合戦に参加する。並みいる騎士歌人たちが美化された理想の愛を歌い上げるのを聴いたタンホイザーはその偽善性に耐えられず、ヴェーヌスを讃美する歌を歌って、ヴェーヌスベルクにいたことを明かしてしまう。タンホイザーが禁断の愛に溺れていたことを知った一同は驚き、騎士たちは彼に剣を向けるが、エリーザベトはタンホイザーをかばう。領主ヘルマンはタンホイザーに、教皇の恩赦を求めてローマに巡礼するよう命じる。

しかし、教皇の赦しは得られなかった。絶望し、疲れ果ててテューリンゲンに帰り着いたタンホイザーは、再びヴェーヌスのもとへ赴こうとする。エリーザベトはタンホイザーを救うために命を捧げると神に祈り、天に召される。エリーザベトの犠牲によって救済されたことを知

ったタンホイザーは、彼女の亡骸の傍らで息絶えるのだった。

《ニュルンベルクのマイスタージンガー》

作曲・台本　リヒャルト・ワーグナー
初演　一八六八年　ミュンヘン、宮廷歌劇場

あらすじ

一六世紀中頃のニュルンベルク。騎士のヴァルターは、金細工師ポーグナーの一人娘エーファと恋に落ちる。だがエーファは歌合戦の優勝者と結婚することになっていた。ヴァルターは歌合戦に参加するべく、ニュルンベルクの「マイスタージンガー（職匠歌手）」に加わるための試験を受けるが、審判を担当した市役所の書記でエーファに想いを寄せているベックメッサーは、ヴァルターの歌がマイスター歌唱の規則に合っていないと批判する。彼ら職匠歌手の組合の歌の詠み方には細かい規則があり、それに従わないと合格できないのだった。一方、靴屋の親方で優れたマイスタージンガーでもあるハンス・ザックスは、ヴァルターの歌に才能を見る。

絶望したヴァルターはエーファとの駆け落ちを考えるが、ザックスになだめられる。ザックスはヴァルターを導いて、素晴らしい「マイスター歌曲」を書かせることに成功するが、その

歌をベックメッサーが手に入れてしまう。ザックスからその歌を使う許可を得たベックメッサーは、名人の歌をもらい受けたと喜ぶ。

歌合戦が始まった。ベックメッサーは歌をろくに覚えていないまま合戦に臨み、妙な歌詞や歌い方を連発して大恥をかく。追い詰められたベックメッサーがこの歌はザックスのものだと暴露すると、ザックスは本当の作者はヴァルターだと明かす。見事な歌を披露し、勝利を収めるヴァルター。エーファの父ポーグナーはヴァルターに「マイスタージンガー」の称号を与えようとするが、ヴァルターは拒む。ザックスはドイツ芸術を守るためにもマイスタージンガーになるようヴァルターを説得し、ヴァルターも受け入れる。一同は晴れやかに、ザックスとドイツ芸術を讃える。

一八一三年

一八一三年。

この年は、音楽ファンなら記憶しておいていい年だ。リヒャルト・ワーグナーとジュゼッペ・ヴェルディは、この年に生まれた。ワーグナーはドイツの商業都市ライプツィヒで、ヴェルディは北イタリアのロンコレという寒村で。だが彼らが生まれた頃、ライプツィヒもロンコレも「フランス」だった。あの、ナポレオンのおかげで。

一八一三年。

この年は、音楽ファンでなくとも記憶しておいていい年かもしれない。この年の一〇月一六日、フランス皇帝ナポレオン率いるフランス軍は、ワーグナーの故郷ライプツィヒの郊外で、プロイセン、ロシア、オーストリア、スウェーデンの連合軍に敗れた。フランス軍一九万、連合軍三六万という、一連のナポレオン戦争の中でも最大規模の戦いだった。それまで連戦連勝だったのに、前年の一二年にロシア遠征に失敗してつまずき、好機到来と喜んだプロイセンから宣戦布告されて戦いに追われたナポレオンにとって、「諸国民の戦い」とも呼ばれるこの「ライプツィヒの戦い」は、没落を決定づけるものとなった。ナポレオンが歴史の表舞台から消えるまで、それからわずか二年——退位、エルバ島への配流と脱出、「ワーテルローの戦い」での敗北、セントヘレナ島への流刑——。ワーグナーの生まれた町ライプツィヒは、まさに歴史の転換点となったのである。ライプツィヒの郊外には、この時の連合軍の勝利を記念する、要塞のように威圧的な「記念碑」が建っている。

ライプツィヒのワーグナーの生家跡にかかる記念のプレート

ワーグナーの生家は現存しないが、生家があった場所はわかっている。旧市街を取り巻く環状道路のすぐ内側だ。「諸国民の戦い」の時には街はフランス軍に包囲され、市街戦が繰り広げられた。ナポレオン軍が退却した後には一二万を超える屍体が横たわり、疫病《えきびょう》が蔓延《まんえん》した。ライプツィヒ市の警察の書記を務めていたワーグナーの父フリードリヒはフランス語が堪能だったため占領下で重宝されたが、終戦後一ヶ月ほどで亡くなっている。生後数ヶ月のワーグナーにもその影響は残り、生死の境をさまよう重病にかかった。

生後すぐナポレオン戦争に巻き込まれたワーグナーは、ドイツ統一がなった一二年後の一八八三年に亡くなった。ヴェルディ同様、彼もまた激動の、そして統一の時代を生きたのである。

ヴェルディより政治的だったワーグナー

イタリアとドイツは、一九世紀の後半、ほぼ同じ時期に「統一」されている(「ベルリンの壁」崩壊後の一九九〇年になった「ドイツ再統一」はここでは除外する)。「ドイツ統一」は、「イタリア統一」より一〇年後の一八七一年。イタリアもドイツもそれまでは中小の国に分裂しており、そのせいでずっと前からひとつの国だったイギリスやフランスより「後進国」だった。フランス革命とそれに続くナポレオン戦争の影響でナショナリズムが生まれ、「統一」への気運が高まったのだ。

ただ分裂の実態は、イタリアとドイツで多少異なる。イタリアはほとんどが外国に占領されていたが、ドイツでは「神聖ローマ帝国」の名の下に大中小の独立国が並存していた。そのような事情は、統一後の両国の歩みに影響してくる。

「神聖ローマ帝国」を崩壊に追い込んだのは、ナポレオンである。神聖ローマ帝国に侵攻したナポレオンは、「ライン同盟」という国家連合を作ってフランスの支配下に置き、帝国を脱退させて神聖ローマ帝国を解体した。「ライプツィヒの戦い」は、そのナポレオンへの敵討ちとなったのだった。

イタリアとドイツの「統一」への過程にも、重なる部分がある。初めのうちはフランス革命の影響で、イタリアでもドイツでも「共和制」による統一がめざされた。イタリアでは「カルボナリ」が、ドイツでは「青年ドイツ派」がその原動力となる。だが何度かの「革命」とその挫折を経て、立憲君主制を取る一国への合併、あるいはそれを中心とした連合という、現実的な落としどころに落ち着く。六九ページでも触れたように、イタリアでは宰相カヴール率いるサルデーニャ王国への「併合」によって統一がなり、ドイツでは北の大国プロイセンが、宰相ビスマルクの下で統一の主導権を握った。

ヴェルディもワーグナーも、統一に対する考えは時流に応じて、つまり共和制支持から君主制支持へと変化した。だがワーグナーはヴェルディよりはるかに過激であり、はるかに政治的な人間だった。一八四八年、パリで起こった二月革命をきっかけに、共和政を求めて各国で革命騒ぎが起こった際、ヴェルディはミラノでの反乱「ミラノの五日間」が収まった後にパリから駆けつけたが、ワーグナーはその翌年にドレスデンで起こった五月蜂起を、主導者の一員として煽動した。ビラまきに協力して革命を支えたワーグナーは、共和制を謳った革命政府をほんの数日体験するが、プロイセンの援軍を得たザクセン国王の軍に蹴散らされると国外に逃亡し、指名手配されて一五年に及ぶ亡命生活を送った。ヴェルディはイタリア統一後に上院議員に選出されるがほとんど議会に足を運ばなかったのに対し、ワーグナーは追放令が解除されてドイツに戻り、バイエルン王国の国王ルートヴィヒ二世の保護を受けるようになると、バイエルンの国政に首を突っ込み、首相の選任や罷免にまで口をはさんだ。政治的なのはどちらか、よくわかるというものだ。

しかし、音楽史やオペラ史を扱った多くの書物では、ヴェルディをイタリア統一における愛国者と位置づける記述が目につく一方で、ワーグナーと政治に関する内容を目にすることはあまりない。作曲家としてのワーグナーの業績が大きいので、それにページを取られてしまうせいもあるかもしれないが、「ワーグナーと政治」というテーマにつきまとうネガティヴなイメージも無関係ではないだろう。

ワーグナーと政治というテーマがネガティヴなイメージを与える第一の理由は、ワーグナーが反ユダヤ主義者だったことにある。後述するが、ワーグナーはユダヤ人は排斥されてしかるべきだと考えていた。その結果、第二次世界大戦においてヒットラー率いるナチス党のプロパガンダとしてワーグナーの作品が利用され、ワーグナーのオペラを上演するバイロイト音楽祭

バイロイト音楽祭が開催されるバイロイト祝祭劇場

が夏の間のナチスの本拠地になる事態を招いたのだ。だからドイツ人は長い間バイロイトに複雑な感情を抱きつづけてきたし、それは今でもなくなったわけではない。バイロイトでワーグナーが暮らした「ヴァーンフリート荘」の敷地内には、ヒットラーと、当時のバイロイトの総裁だったヴィニフレート・ワーグナー（ワーグナーの長男の妻）の一家が集った空間が残されている。ヴィニフレートは第二次世界大戦終了後、ナチスとの関係を断罪されてバイロイトを追放された。

戦後、ドイツの政権トップはバイロイト音楽祭から遠ざかった。ドイツの首相が再び音楽祭に足を踏み入れたのは二〇〇三年、ゲアハルト・シュレーダー首相の代である。きっかけを作ったのは、当時の日本の首相だった小泉純一郎だった。オペラ好きで知られる小泉元首相は、ドイツの公式訪問に際して、開催中だったバイロイト音楽祭を鑑賞することを希望し、シュレーダーも付き合うことになったのである。「ナチスとの関係」のために首脳が足を踏み入れるのを遠慮するなど、小泉氏には考えられないことだったのだろう。両国の戦後処理の違いは、こんなところにも鮮明に表れている。

しかしそれがきっかけで、ドイツのトップたちは堂々とバイロイトを訪問できるようになった。シュレーダーの後任で現首相のアンゲラ・メルケルなど、就任当初からバイロイトの常連だ。シュレーダー前首相も、韓国出身の現在の夫人ともども、にこやかにバイロイトにやってくる。日本人の無頓著がきっかけで、ドイツの戦後のしばりがひとつ取れたというわけである。ヴェルディと政治の結びつきは（かつてはムッソリーニに、そして今なお一部の政治家に「利用」されているとはいえ）過去のできごとであり、「イタリア統一」は、少なくとも表面上はポジティヴな歴史である。しかし第二次世界大戦にまで後を引いてしまったワーグナーと政治との結びつきは、「歴史」だと片付けられない、今なおアクチュアルな問題なのだ。

ここで気をつけたいのは、「『ファシズム』と『ナチズム』は別もの」（佐藤優）ということである。ファシズムは、国家が介入することによって社会的問題を解決する政治体制で、ムッソリーニによってイタリアで興ったが、ヒットラーがドイツで提唱したのは、「血の純潔」「アーリア人の優位性」を謳って国を統合しようとした「ナチズム」である。《ニュルンベルクのマイスタージンガー》のような作品がナチスドイツに利用されたのは、しばしば言われるように、ドイツの芸術を讃える最後の合唱に見られるとされる「国家主義思想」のせいもあるが、同時にナチズムに通じる排他的な要素が見え隠れしているためである。

ドイツ統一とワーグナーの激動の人生

ここで、ドイツ統一の過程をざっとおさらいしておこう。

ナポレオン戦争後、ドイツは北の強国プロイセン、南のバイエルンやオーストリアなど三四ヶ国と、四つの「自由都市」からなる「ドイツ連邦」へと生まれ変わる。一八三四年には「ドイツ連邦」に属する諸国の間で、関税を免除する「ドイツ関税同盟」が成立する。統一後のドイツで、イタリアの南北のような極端な経済格差が生まれなかったのは、経済的な基盤ができていたこともあるのだろう。

一方で、ナポレオン戦争後のウィーン体制で各国が反動体制を取り、共和主義者を弾圧したことで、再び革命へのマグマが高まる。フランスでは一八三〇年に七月革命が、四八年には二月革命が起こって王政が打倒され、影響が各国に飛び火。ドイツでは「三月革命」が起こって、フランクフルトの国民議会で「ドイツ国憲法」が採択されるが、プロイセンやオーストリアの反対で潰された。それに反発してドイツ各地で再び暴動が起きるが、鎮圧される。前述のようにワーグナーはここで起きたドレスデン蜂起を主導し、お尋ね者となった。

そもそもワーグナーがドレスデン蜂起に加わった目的は、自分の理想とする芸術を実現するには劇場を改革しなければならず、そのためには社会そのものを変える必要があり、「君主」の存在は認めながらも共和制のほうがいいと考えたからである。ワーグナーが「政治」に関心を持つのは、自分の「芸術」を実現できる理想的な環境を作るためなのだ。それは終始一貫している。だから賛同する体制は、その時々の状況によって変わる。この時点でのワーグナーは、ナショナリストというよりコスモポリタンだった。

一八六二年、ビスマルクがプロイセンの宰相に就任する。彼は軍事力と政治力を駆使し、その後一〇年に満たないうちにデンマーク、オーストリア、そしてフランスとの戦争に相次いで勝利を収めた。一八七一年、普仏戦争での勝利を受けて、プロイセン国王ヴィルヘルムが「ドイツ皇帝」として戴冠し、「ドイツ帝国」が成立する。

とはいえ「ドイツ帝国」の実体は、「ドイツ連邦」とあまり変わらない「諸侯と自由都市の同盟」だった。「ドイツ帝国」は二二の君主国と三つの自由都市からなっていて、各国には自前の政府、議会が残されたのである。プロイセン並みの大国だった南ドイツのバイエルンも大幅な自治を認められ、「王国」のままにとどまった。そしてそのバイエルンの国王ルートヴィヒこそ、ワーグナーのパトロンになり、生活の保障から大作の初演までを引き受け、さらにワーグナーの夢だった自作専用の劇場の建設へと至る道を作った人間だった。子供の頃からワーグナーの作品に心酔していたルートヴィヒは、ワーグナーがオペラ《ラインの黄金》の台本の序文に書いた、「パトロンが出現してくれればこの作品を完成できる」という一文を目にして、国王になった暁には自分がそのパトロンになろうと決意していたのである。

革命を主導して逮捕状が出たお尋ね者から、国王の保護を受ける芸術家へ。ワーグナーの人生ほど、「激動」という言葉が似合う人生はない。そしてルートヴィヒのワーグナーに対する保護は、伝統的な王侯貴族と音楽家との関係を逸脱していた。

フランス革命前は、音楽家をはじめとする芸術家は王侯貴族の保護を受けるのが普通だったが、それはあくまで王侯貴族に仕える「使用人」としてだった。そして彼らの意識は「芸術家」などではなく、与えられた仕事にベストをつくす「職人」だった。革命後、王侯貴族は没落してパトロンの地位を失い、音楽家は宮仕えから自由の身になる。代わって裕福な市民たちが、コンサートのチケットや楽譜を買うことで音楽家のパトロンになった。音楽家は「芸術家」になったと言えば聞こえはいいが、人気が出なければ路頭に迷う境遇になったのである。ワーグナーはそんな時代に堂々と王侯の保護を受け、しかも自分が主導権を握ったのだ。彼はバイエルンがどこの国と同盟を組むのかといった国の方針に口をはさみ、首相や閣僚の人事まで操り、彼らの罷免のきっかけを作ったりした

バイロイトのワーグナー邸とその庭にあるルートヴィヒ２世の胸像

のである。

ワーグナーは亡命中、明日をも知れない身の上や経済的な苦境にもかかわらず、少なくとも自分の本領であるオペラ作品に関しては生活のために創作することをやめ、「芸術家」であることを徹底した。自分の使命は後世に残る作品を創ること。ワーグナーはそう自覚し、それを貫いた。ルートヴィヒの支援を受けたのは、彼が金は出すが口は出さない、芸術家にとって理想的なパトロンに徹したからである。王侯貴族とそんな関係を築いた音楽家は、ワーグナーをおいてほかにない。後にワーグナーは共和主義者から国家主義者へ、コスモポリタンから君主制支持者に転向しているが、ルートヴィヒとの関係も大きかったのだろう。

プロイセンによるドイツ統一には、ワーグナーも熱狂した。統一の数年前に作曲された《ニュルンベルクのマイスタージンガー》にはその高揚感が反映されているし、時代の空気と相まって大成功を収めている（詳しくは後述）。普仏戦争を前に、プロイセンが反フランス感情を煽って愛国心をかきたてた際には、全面的に同意した。プロイセン軍のベルリン凱旋に際してペータース社から《皇帝行進曲》の作曲を依頼された時は喜んで引き受け、「新ドイツ音楽の皇帝」と讃えられている。

しかし統一後にワーグナーを待っていたのは、「ドイツ」への幻滅だった。ワーグナーは、ドイツ帝国の盟主となったヴィルヘルム皇帝と懐刀のビスマルクからの支援を熱望したが、彼らの答えは冷たかった。それをきっかけにワーグナーの統一熱は冷め、「ドイツ帝国」への失望をあらわにするようになる。

ヴェルディもまた、統一後のイタリアの惨状に心を痛めた。だがワーグナーの統一への失望は、新生ドイツ帝国の皇帝と宰相に支援を拒まれた、つまり自分の芸術が思うように評価されなかったことが大きかった。その結果ワーグナーは、民衆に、つまり自分の音楽のファンである一般の人々に期待をかけた。その成果が、一八七一年にマンハイムで設立された「ワーグナー協会」である。この協会は各都市、そして各国に広がり、ワーグナーが夢見た自作専用の劇場による彼のオペラの「祝祭」＝バイロイト音楽祭の創設の重要な資金源となり、さらに現在に至るまで、熱烈なワーグナーファン＝ワグネリアンの拠点になっている。ワーグナーは、自分が「ドイツの国民事業」と考えたバイロイト音楽祭を、君主に頼る事業から民衆による事業へと転換し、一定の成功を収めたのだ（ただし部分的には、ビスマルクやルートヴィヒ二世の支援も得ている）。

「ドイツ帝国」に対するワーグナーの失望は、最後まで回復されることはなかった。晩年、ワーグナーは最後のオペラ《パルシファル》に、東洋や仏教への憧れをひそませる。「ドイツ」が絶対だった時代は、終わったのである。

ヴェルディとワーグナー

ともに母国の「統一」へと至る激動の時代を生きたヴェルディとワーグナー。二人の人生には時代背景による共通点もある。だがこれまで見てきたように、ワーグナーのほうがはるかに政治的、民族的な人間だった。それは二人の作品（ワーグナーの場合は著作も含めて）に反映されている。ヴェルディは「時代」のおかげで「リソルジメント」の象徴に祭り上げられたが、ワーグナーはむしろ自分から「時代」をリードした。

時代を共有し、その時代から影響を受けたとはいえ、音楽家として、そして人間としての二人の生き方はまるで正反対である。ワーグナーは「芸術家」として生き抜いたが、ヴェルディはより「実業家」だった。身内に芸術家が多かったワーグナーは浪費家で、自分の芸術の実践や贅沢な生活のために借金を重ね、王侯の世話になったが、宿屋の息子で実際的な性格だったヴェルディにはそんな考えは毛頭なく、経済的に人に頼ることを嫌い、「仕事」としてオペラを作曲し、その収入を元に農場経営に乗り出して成功した。ワーグナーは故郷を離れて放浪したが、ヴェルディは自分の生まれ故郷にこだわった。

二人が残した建築物は、二人の人生と哲学の象徴だ。ワーグナーは王侯から民衆までをパトロンとして自作専用の劇場を建てたが、ヴェルディは私財を投じて恵まれない音楽家のための老人ホームを建てた。バイロイト音楽祭がワグネリアンの聖地であることはあまりにも有名だが、ヴェルディの老人ホームもまだ現役であることはほとんど知られていない。芸術家であることに徹したワーグナーと、事業家そして篤志家としての面も持ったヴェルディ。やはり二人は対照的である。

ワーグナーは演劇、音楽、文学、美術などが一体化した「総合芸術」の理想としてオペラを位置づけ、すべてをひとりで創作した。題材も自分で選んだが、その選び方にも特徴がある。彼は当時人気のイタリア・オペラで主流だったメロドラマを否定し、人間の根源的な姿があるという理由で、神話や伝説、それも自分のルーツであるゲルマン民族の神話、伝説に題材を求めた。

神話・伝説はもともとオペラとなじみが深く、一六世紀末にフィレンツェで生まれた最初のオペラも題材はギリシャ神話だった。その後ほぼ二世紀の間、オペラの題材のメインストリームは神話と古代史だったが、そのほとんどはギリシャ・ローマのものだった。オペラと言えばイタリア語の「イタリア・オペラ」だったから当然ではある。

ワーグナーはそこに自国の神話・伝説を持ち込んだ。その背景にあるのは、一九世紀のナショナリズムと民族主義である。フランス革命後、各国で起こったナショナリズムと民族主義の流れの中で自国の歴史や神話伝説が発掘され、オペラをはじめとする芸術作品の題材として取り上げられたのである。ワーグナーはその流れをリードした。彼は自分の芸術を通して自国民を発掘し、形成した。「ゲルマン民族」や「ドイツ国民」は、ドイツ統一より前にワーグナーの作品の中に現れた。本章で触れる《ニュルンベルクのマイスタージンガー》は、前述したようにドイツ統一の直前に成立したオペラだが、ワーグナーはここで芸術を媒介にした、彼ならではの理想のドイツを作り上げている。

ちなみに、ヴェルディは神話・伝説オペラを書いていない。神話・伝説（イタリアの場合は古代ギリシャ、ローマのもの）は、彼の母国イタリアでは使い古された題材で、今さら取り上げられるようなものではなかった。代わりに彼が「人間」の普遍的な姿が描かれていると考えたのが、シェイクスピアの劇作品だった。ヴェルディが晩年、経済的な基盤が充実して自由に創作できる環境になった時にオペラの題材に選んだのは、シェイクスピアの戯曲だった（第六章参照）。ここにナショナリズムはない。ヴェルディが本当に描きたかったのは、思想信条ではなく、時代を超えて普遍的な「人間の心」だった。

本章では、ドイツ統一期に生まれたワーグナーのオペラの中で、もっともドイツ色が濃い《タンホイザー》と《ニュルンベルクのマイスタージンガー》を取り上げる。他の作品も時代との関連で読み解くことはできるが、「ドイツ統一」へと至る時代の空気は、ドイツの伝説や歴史を扱ったこの二作に、もっともわかりやすく現れていると思うからである。

《タンホイザー》とヴァルトブルク神話

ワーグナーは一〇作のオペラを残した。そのうち、歴史上の人物やできごとを扱ったいわゆる「歴史オペラ」と言えるものは、一四世紀に実在したローマの護民官を主人公にした《リエンツィ》（一八四二年初演）と、一六世紀のニュルンベルクを舞台にした《ニュルンベルクのマイスタージンガー》だろう。一〇世紀のブラバントを舞台にした《ローエングリン》、ドイツのヴァルトブルク城で一三世紀の初めに行われたとされる歌合戦が題材になっている《タンホイザー》（正式名称は《タンホイザーとヴァルトブルクの歌合戦》）も歴史的背景に基づいているが、史実というより「伝説」がベースなので、「歴史オペラ」に分類するのは難しいかもしれない。

一方、ドイツの伝説や歴史を素材にしているのは、《タンホイザー》と《ニュルンベルクのマイスタージンガー》である。《タンホイザー》はテューリンゲンにあるヴァルトブルク城を、《マイスタージンガー》はドイツ南部の都市ニュルンベルクを舞台にしているが、この二つはドイツ・ナショナリズムと関係の深い場所でもあった。また二作は、主人公が「歌手」である点でも共通している。それは「芸術家」ワーグナーの投影でもある。

他のワーグナーのオペラ同様、二作とも伝説や史実、それに関する資料を参考にしながら、ワーグナーの主張に沿って徹底的に解体され、再構成された。その利用の仕方には、ワーグナーが生きた時代背景も反映されている。

《タンホイザー》の主な舞台は、ドイツの中部の街アイゼナッハ郊外にそびえるヴァルトブルク城（章扉写真）である。全曲中もっとも華やかな第二幕で繰り広げられるのは、一二〇七年に開催されたと伝えられる「ヴァルトブルクの歌合戦」。ワーグナーは一八四二年にパリからドレスデンに向かっている時に、ヴァルトブルク城を目にして《タンホイザー》第三幕の構

ヴァルトブルク城から見下ろすテューリンゲンの森

想を得たとされるが、それは何より「一二〇七年の歌合戦が行われた場所」だったからだという（ただし《タンホイザー》という題材自体には、それ以前に出会っている）。

ヴァルトブルク城は、ドイツを代表する名城である。ドイツ東部、テューリンゲン地方の西の端、森に囲まれた丘の上に、山壁にせり出すように建つ。一一世紀の要塞から発展した、典型的な山城だ。標高は四一一メートルとさほど高くないが、周囲に高い山がないせいで、かなり遠方からも山上の城影が見える。車でアイゼナッハに近づくと、山のいただきに浮かび上がる城のシルエットが目に飛び込んでくるのは印象的だ。ワーグナーが心を動かされたのももっともだとうなずいてしまう、感動的な光景である。

城自体も広大かつ豪壮で、ロマネスクからルネサンス、そして一九世紀の再建時の新古典主義までさまざまな様式が入り混じる。入り口にかかる跳ね橋から望む城の全景は絵葉書でもおなじみだが、周囲に広がるテューリンゲンの森も絶景だ。《タンホイザー》に登場する女神ヴェーヌスが住むヴェーヌスベルクは、この森の一角にある「ヘルゼルベルク」という丘がモデルになっているが、緑に包まれた大地の起伏はたしかに女性の体を思わせないでもない。特にヘルゼルベルク近辺は気象が不安定で、魔界への入り口と見なされたという。

ヴァルトブルク城が有名なのは、壮大な歴史的建築物（ただし大半は一九世紀の再建）だという理由にとどまらない。この城はドイツの歴史に繰り返し登場し、「ヴァルトブルク神話」と呼ばれるほど、多くの有名人の活躍の舞台となってきた。オペラ《タンホイザー》には、「ヴァルトブルク神話」の主要登場人物の多くが網羅されている。ただし、次に挙げる最重要人物を除いて。

ヴァルトブルク城とマルティン・ルター

「ヴァルトブルク神話」の主人公のひとりで、《タンホイザー》に登場しないほとんど唯一の例外はマルティン・ルターだろう。ルターは一六世紀の人間で、「歌合戦」とは時代が違うから致し方はないとはいえ、ヴァルトブルク城を語る上でルターに触れないわけにはいかない。何しろこの城では、ルターによる新約聖書のドイツ語訳という、ドイツ史のみならずヨーロッパ史上屈指の重要なできごとが行われたからだ。

ルターはもともとカトリックの修道僧だったが、教会の腐敗に憤慨して改革を提言し、教会からは破門、神聖ローマ帝国皇帝からは国外追放の処分を受ける。ザクセン選帝侯フリードリヒ三世は、そんなルターを「誘拐」という手段で保護し、ヴァルトブルク城の粗末な一室にかくまった。ルターの一般的な人気に配慮した措置だったが、ルターはこの機会を十二分に利用した。ここにいたわずか九ヶ月ほどの間に、新約聖書（ギリシャ語およびラテン語）のドイツ語訳を完成させてしまったのである。

聖職者の独占物だった聖書が、母国語に訳され、誰でも読めるものになった意義は限りなく大きい。ちょうど半世紀ほど前にグーテンベルクが活版印刷を発明したことも、ドイツ語訳聖書の普及に拍車をかけた。一五二二年九月に刊行されたルター訳の聖書は爆発的に売れ、ルターの生前に二二版を数え、今なおドイツ語で書かれたあらゆる本の中で最大のベストセラーでありつづけている。「ドイツ語」が普及したのも、ルター訳聖書のおかげなのだ。ルターの存在が、ドイツ史とドイツ文化史においていかに重要かよくわかる。ヴァルトブルク城は、その震源地だったのである。後にゲーテは、「ドイツ人はルターによって初めてひとつの国民となった」と言ったのだった。

「ヴァルトブルクの歌合戦」

ルターの聖書訳からほぼ三世紀前、一二〇七年に開催されたと伝えられる「ヴァルトブルクの歌合戦」は、中世ドイツ文化史のハイライトだ。「歌合戦」とは、騎士歌人＝ミンネゼンガーMinnesänger たちによる歌比べのこと。「ミンネゼンガー」は、中世ドイツの宮廷で活躍した騎士歌人で、リュートや竪琴などを奏でながら自作の詩を歌った。歌うテーマはいわゆる騎士道に沿ったもので、領主や貴婦人への讃美が中心だった。

ミンネゼンガーの元は、南フランスの騎士歌人「トルヴァドール」である。一二世紀末―一三世紀初めのテューリンゲン方伯で、ヴァルトブルク城を本拠にしたヘルマン一世（在位一一九〇―一二一七）は、パリに滞在してフランスの文学に惹かれ、「トルヴァドール」の北フランス版である「トルヴェール」の歌にも魅了された。テューリンゲンに帰国後、彼は文芸のパトロンとなり、ミンネゼンガーも保護する。その中にはヴァルター・フォン・デア・フォーゲルヴァイデ、ヴォルフラム・フォン・エッシェンバッハら有名なミンネゼンガーが何人もおり、ヴァルトブルク城は彼らの溜まり場になった。ヘルマン一世は城の上階に、今日「祝典の間」として知られる大広間を作る。そのことと、歌人たちが城に集ったという史実から、この城で「歌合戦」が行われたという言い伝えが生まれたのである。

ただし、一二〇七年に開催されたとされる「ヴァルトブルクの歌合戦」について、同時代の記録はない。「歌合戦」が文献に登場するのは一三世紀の後半以降。一五世紀には、『テューリンゲン年代記』という書物の中で、史実として扱われた。一九世紀に入り、歴史回顧ブームの中で、グリム兄弟をはじめ、ノヴァーリス、E・T・A・ホフマンら多くの文学者や歴史家が取り上げるようになったのである。

ホフマンやノヴァーリスが描いた「歌合戦」でのエピソードは、ハインリヒ・フォン・オフターディンゲンというミンネゼンガーをめぐるものである。歌合戦の目的は主君の讃美、つまり主催者である領主ヘルマン一世を讃えることだったが、オフターディンゲンは自分が仕えているオーストリアの公爵を褒め讃えてしまった。そのためオフターディンゲンはヘルマンの不興を買い、あやうく処刑されそうになったが（歌合戦の敗者は処刑されることがよくあった。命がけだったのである）、ヘルマン夫人ソフィアのとりなしで命拾いをしたという。ヴァルトブルク城の「歌合戦の間」と呼ばれる部屋の壁には、ソフィアに命乞いをするオフターディンゲンを描いたフレスコ画がかかっている。

オペラ《タンホイザー》は、この「ヴァルトブルクの歌合戦」を全曲の中心、第二幕に据えている。だが歌合戦のテーマも違えば、事件のなりゆきも違う。歌われるテーマは「君主讃美」ではなく「愛の本質」であり、逆らうのはオフターディンゲンではなくタンホイザーだ。タンホイザーは、一同が清らかな「愛」を讃える中、それに反旗をひるがえして官能を讃美する。というのも彼は愛と官能の女神ヴェーヌス（ギリシャ神話のアフロディテ）のもとで、肉欲に溺れていたからだ。中世カトリックのキリスト教世界では、異教の神との交わりも肉欲の讃美も禁止されていた。だからタンホイザーは糾弾され、罪をつぐなうためにローマ教皇のところに巡礼に行くことを命じられるのだ。

ちなみに、「タンホイザー」という名前のミンネゼンガーも（おそらく）実在した（正確には「タンフーザー Tanhuser」）。一三世紀の詩人で、パロディや官能詩を得意とし、十字軍にも従軍。ミンネゼンガーの定番だった「清い愛」「騎士道的な愛」などには興味がなく、何かと型破りな人物だったようだ。タンホイザーの死後、彼がヴェーヌスベルクにいたという言い伝えが生まれ、一五世紀以降、禁断のヴェーヌスベルク滞在と教皇詣でのエピソードを含んだ物語が「タンホイザー・バラード」として知れ渡り、歌われるようになった。そして一九世紀には「ヴァルトブルクの歌合戦」同様、歴史・伝説発掘ブームによって、ティーク、E・T・A・ホフマン、グリム兄弟、そしてハイネらによって文学化されたのである。ワーグナーは彼らの著作から、タンホイザーを知った。

しかし「タンホイザー」は一二〇七年の歌合戦には出場していないし、ヴァルトブルク城とも関係がない。ワーグナーはC・T・L・ルーカスという人物が唱えた、オフターディンゲン＝タンホイザー説を採用し、オペラの主人公としたのである。

タンホイザーと対立するミンネゼンガーたちも実在の人物がほとんどだが、キャラクターはオペラの内容に合わせて変えられている。例えばヴォルフラム・フォン・エッシェンバッハは実在の有名な騎士歌人だが、オペラでは優れた歌人というより、タンホイザーの友人ながらエリーザベトに恋心を抱く、一九世紀のロマン派オペラに典型的な三角関係の一角を担っている。

しかしオペラ《タンホイザー》において、歴史上の人物をもとに「創造」された最大のキャラクターは、ヒロインのエリーザベトだろう。

エリーザベトは、オペラではタンホイザーの恋人であり、歌合戦の場では禁を犯した彼をかばい、最後はタンホイザーを助けるために命を捧げる女性である。当然ながら領主ヘルマンの「妻」ではなく、「姪」と設定されている。

エリーザベトにもモデルがいるが、この女性は、ヴァルトブルク城ではルターと並ぶ有名人である一方で、「ヴァルトルブルクの歌合戦」、ひいては「タンホイザー」には、まったく関係のない女性だった。

エリーザベト伝説

ヴァルトブルク城を訪れると、至るところで「エリーザベト」の名残に出会う。細長い廊下の壁に、彼女の生涯のエピソードが連作壁画として描かれた「エリーザベト回廊」。壁一面にぎっしり埋め込まれたガラスのモザイクがエリーザベトの生涯を語る「エリーザベトの間」。「エリーザベトの間」はもともと女性たちの居室で、現在のような壁画が作られたのは二〇世紀に入ってからだそうだが、金をふんだんに使ったビザンチン風のモザイク壁画は、薄暗い空間で神秘的にきらめいている。ヴァルトブルク城の男性主人公がルターなら、女性主人公はエリーザベトだ。

エリーザベトは一三世紀に実在した女性である。誕生は「歌合戦」が行われた一二〇七年。

ヴァルトブルク城の「エリーザベトの間」に描かれたモザイク壁画のエリーザベト

ハンガリーの王女として生まれ、わずか四歳で「歌合戦」の主催者とされるヘルマン一世の息子ヘルマンと婚約して、ヴァルトブルク城にやってきた。ヘルマンは間もなく早逝し、弟のルートヴィヒが跡を継ぐ。エリーザベトは一四歳で、二一歳のルートヴィヒに嫁いだ。夫婦仲は良く、三人の子供に恵まれるが、夫は十字軍に従軍し、遠征先で病死する。二〇歳の若さで未亡人となったエリーザベトは城を出て（自発的に出たという説と追われたという説あり）、最後はマールブルクという町で修道院を開いて信仰生活を送り、二四歳の若さで世を去った。

エリーザベト人気は、死後すぐに始まる。墓には奇跡が起きはじめ、エリーザベト目当ての巡礼者が訪れるようになった。亡くなった翌年には、彼女の聴聞司祭の手で初めての伝記『略伝』が書かれている。没後四年にあたる一二三五年には、早くもローマ教会によって列聖。墓地の跡には壮麗な教会が築かれて、「マールブルクの大聖堂」となり、今なお多くの人が彼女の面影を求めて詣でている。

エリーザベトが速やかに聖人となったのは、カトリック教会の都合が大きい。当時教会は神聖ローマ帝国と対立しており、シンボリックな存在が欲しかったのだ。

エリーザベトは、カトリック教会から離反したマルティン・ルターによっても優遇された。聖書を重んじたルターはカトリック教会が流行らせた聖人聖女を否定したが、エリーザベトは例外だった。ヴァルトブルク城にこもって聖書の翻訳に没頭していた日々、ルターはエリーザベトの聖遺物であるグラスを使っていたという。追い詰められていた自分をかくまってくれたヴァルトブルク城、その城の過去の歴史を飾った女性として、エリーザベトはルターにとって特別な女性になったのだった。

一九世紀の歴史ブームは、エリーザベトに再びスポットを当てる。一八世紀の末から新しく伝記が書かれはじめ、聖人に加えて身分の高さ、さらに一九世紀に理想化された良妻賢母のイメージも重なって、エリーザベトは純粋で敬虔で慈悲深いドイツ人の理想の女性となった。ヴァルトブルク城の「エリーザベト回廊」や「エリーザベトの間」といった彼女に捧げられた空間は、このような風潮を背景に作られたのである。

エリーザベトの生涯で有名なエピソードのひとつが、「ばらの奇跡」と呼ばれる出来事である。ヴァルトブルクで暮らしていた頃から修道士を城に招くなど信心深かったエリーザベトは、貧しい人々に施しをよくしたが、そのため宮廷で反感を買っていた。ある日、貧者にパンを差し入れに行こうとしたエリーザベトは夫に見つかってしまう。手に持った籠の中身を問われて、エリーザベトはとっさに「ばら」と答えた。エリーザベトが恐る恐る籠を差し出すと、中身は本当にばらに変わっていたというエピソードだ。「エリーザベト回廊」の壁に描かれた六枚の壁画のうち一番有名な作品は、この「ばらの奇跡」のエピソードを描いたものである。

ワーグナーはこのエリーザベト、歴史上の有名人であり、「聖エリーザベト」という聖女としてドイツ人に絶大な人気を誇るエリーザベトを、恋人を救うために命を捧げる女性へと変貌させた。「エリーザベト」という名前がドイツ人に与える神聖な響きも、計算済みだったはずだ。たしかに、《タンホイザー》のエリーザベトには、第三幕の冒頭でマリアに祈りを捧げる場面に代表されるように、聖母マリア的な役割が与えられている。

ちなみに「歌合戦」を主催したヘルマン一世は、史実ではエリーザベトの夫の父、つまり「舅《しゅうと》」にあたる。エリーザベトはヘルマンの「姪」ならぬ「嫁」だった。前述の『テューリンゲン年代記』には、一二〇七年の歌合戦の際、ハンガリーの預言者クリングゾルがエリーザベトの到来を予言する場面があり、ここでは一瞬、歌合戦伝説とエリーザベト伝説が交わっている。

栄光の城の荒廃とナショナリズムによる復活——一九世紀のヴァルトブルク

数々の華麗な歴史に彩られたヴァルトブルク城も、常住する領主がいなくなると荒廃した。

一七七七年に初めてこの地を訪れたゲーテは、ヴァルトブルクに魅了されて再訪を繰り返しつつ、その荒れようを嘆いて、自らが仕えるザクセン・ヴァイマル・アイゼナッハ公爵のカール・アウグストに、ヴァルトブルク城をドイツ史の博物館として修復するよう進言した。その提案は、カール・アウグストの孫の代になってようやく実現する。

建物は荒れても、ヴァルトブルクの「歴史」の記憶は絶えず呼び覚まされた。宗教改革三〇〇周年（ルターが「九五ヶ条の提題」を発表して三〇〇年）に当たる一八一七年には、イエナの大学で結成された、ドイツ統一を主張する学生たちの結社「ブルシェンシャフト」がヴァルトブルクで集会を開き、「ドイツはひとつ、これからもひとつ」だとして「ドイツ統一」を要求した。この結社はほどなくメッテルニヒに弾圧されるが地下に潜って生き延び、ワーグナーも参加した一八四八年の革命でも活躍する。

前述のカール・アウグストの孫で、ヴァルトブルクの本格的な再建にかかわったカール・アレクサンダー大公は、この城をドイツ帝国の文化財にしようと考えた。建築を依頼されたフーゴー・フォン・リートケンは、「騎士歌人と宗教改革の再生」に取り組み、ドイツ皇帝ヴィルヘルム二世は「ドイツの古城は偉大なドイツの歴史の証」だと定義した。一九世紀の統一時代に、ヴァルトブルクはドイツ・ナショナリズムのシンボルとなったのである。《タンホイザー》を創作したワーグナーが、ヴァルトブルク城がドイツの歴史にとってどんな意味を持つか知らないはずはないだろう。

ここまで見てきたように、ワーグナーはあるテーマにちなんだ伝説や人物や史実を自在にアレンジして、自分の創作の材料としている。《タンホイザー》のテーマは「女性による救済」や「芸術家という存在」「聖と俗」などいくつかあるが、作品に漂う「ドイツ色」は、それまでの彼のオペラになかったものだ。

パリでの失意と反ユダヤ主義の芽生え

ワーグナーが《タンホイザー》という材料に出会ったのは、一八三九年から三年間滞在していたパリでのことである。彼はルートヴィヒ・ベヒシュタインの『テューリンゲン地方の民話とその世界』（一八三七）という本に収められた「騎士タンホイザーの物語」を読み、その世界に魅了された。魅了された理由のひとつに、パリでの苦しい生活があった。それまで彼はドイツやロシアの小さな劇場で指揮者として働いていたが、持ち前の浪費癖から借金を作り、また最後に勤めていたリガの劇場をクビになったため、妻のミンナを連れて夜逃げ同然でパリへ向かった。当時の文化芸術の中心地だったパリで、一旗揚げようと思ったのである。

だがパリは彼に冷たかった。パリは資本主義経済の都であり、拝金主義が芸術をも支配していた。パリで人気の芸術家たちの多くは政治家や財界人とつながりを持ち、コネや賄賂《わいろ》が幅を利かせた。オペラ座で上演されていた人気の「グランド・オペラ」は、ワーグナーが考えているような芸術作品ではなく、大編成のオーケストラやスペクタクルな効果を売り物にした見世物だった。そんなパリでワーグナーはまったく認められず、生活に苦しみ、借金を重ね、結婚指輪すら質に入れた。失意と落胆の中でワーグナーは哲学書を漁《あさ》り、ドイツ的なものに目を向けたのである。

ヴァルトブルク城を仰いで《タンホイザー》第三幕の構想が生まれたというエピソードは、そんなパリ生活に見切りをつけ、ドイツに戻る途中のできごとだった。パリで作曲、完成したオペラ《リエンツィ》の初演を、ドレスデンで行えるめどが立ったのである。ワーグナーはこの旅で、フランスとドイツの国境を流れるライン川を初めて渡って感動のあまり涙し、「祖国ドイツに永遠の忠誠を誓った」という。その後で目にしたヴァルトブルク城の姿に、ワーグナーが感銘を覚えたのは想像がつく。

こうして生まれた《タンホイザー》の「ヴァルトブルクの歌合戦」の場面で、ワーグナーは、「ドイツ中世を簡潔にして要を得た色合い」(ワーグナー)で示したのだった。

ちなみにこの場面で、領主ヘルマンは、第三次十字軍(一一九七)に参加した自らの体験を踏まえて、「われらの剣が血まみれの死闘をかいくぐり/ドイツの国の威信をかけて戦った」(三宅、池上訳)と言っているが、このような部分も、一九世紀当時の「ドイツ」熱と結びつけることも可能だろう。

パリ滞在では、ワーグナーの最大の「影」の部分である反ユダヤ主義も芽生えている。パリで不遇の生活を送るうち、ワーグナーは、パリを支配しているのは金満家のユダヤ人だという鬱屈した思いを抱くようになる。パリのオペラ座を代表する人気オペラ作曲家のマイアベーアや、仕事で世話になった楽譜商のシュレザンジェールもユダヤ人だった。とりわけマイアベーアは、その後長い間、彼の仮想敵のような存在になる。マイアベーア自身はワーグナーに何かと便宜をはかってやり、ワーグナーもありがたく受けていたのだが、それがなかなか実らなかったことや、彼の成功に対する嫉妬もあってか、ワーグナーはユダヤ人銀行家の息子であるマイアベーアをパリを牛耳る「銀行家」の典型と見なし、被害妄想に近い感情を抱くようになった。亡命した直後に偽名で発表された「音楽におけるユダヤ性」（一八五〇）という論文では、名前は伏せられているがマイアベーアと、こちらは名前を出したメンデルスゾーンが、金に汚く、芸術的才能もないのに芸術界を支配しているユダヤ人の代表として攻撃の対象になったのだった。

ドレスデンの宮廷歌劇場で初演された《リエンツィ》は大成功を収め、ワーグナーは一躍スターダムに躍り出た。パリのグランド・オペラから学んだ壮大な音楽や合唱も熱狂を巻き起こしたが、《リエンツィ》という題材自体も聴衆の心をつかんだ。この作品は一四世紀に実在したローマの護民官で、貴族の専制から民衆を解放したことで知られるリエンツィを主人公にしており、一九世紀前半の自由主義の風潮の中で人気を博した題材だった。ワーグナーがリエン

ドレスデン宮廷歌劇場の後継、ザクセン州立歌劇場

ツィに惹かれたのは、共和主義者たちが心酔していた「青年ドイツ派」の思想も関係している。だが、この作品をドレスデンの宮廷劇場に取り次いだのは、ワーグナーが敵視していたマイアベーアだったのである。

ワーグナーはその後、《さまよえるオランダ人》《タンホイザー》を同じ宮廷歌劇場で初演し、この歌劇場の指揮者にも任命されて、身分も安定する。その地位をなげうって反政府を掲げた革命に身を投じ、鎮圧されてお尋ね者になるのは、《タンホイザー》初演の三年後のことだった。その「革命」は、ワーグナーにとって「金権」、つまりユダヤ人支配からの脱却をめざす「人類の解放戦争」（一八四八年に彼が行ったスピーチより）だったのである。そのことは、亡命時代の初期に偽名で発表された「音楽におけるユダヤ性」で明らかになる。さらに、亡命時代に構想された《ニーベルングの指環》のミーメやアルベリヒには、彼が考えるユダヤ人の姿が投影されている。《指環》では、金権からの解放が人間性を取り戻すことにつながるのだ。

《ニュルンベルクのマイスタージンガー》とドイツ統一熱

《ニュルンベルクのマイスタージンガー》は、ワーグナーのオペラの中では一般受けしやすい作品ではないだろうか。堂々としたハ長調の和音で始まる「前奏曲」は、オペラファン、クラシック音楽ファンでなくとも聴いたことがある人が多いだろうし、全体的に輪郭がくっきりした聴きやすい音楽が多い。筆者も子供の頃、カール・ベームという有名指揮者がウィーン・フィルを振った演奏会で《マイスタージンガー》の前奏曲を（生まれて初めて）聴いて、「生まれてきてよかった」と心底思ってしまった強烈な体験がある（それと、イタリアの国民的テノール、ルチアーノ・パヴァロッティがマントヴァ公爵を歌ったヴェルディ《リゴレット》の四重唱をテレビで見てしびれてしまったのが、子供時代の二大音楽体験だ）。四時間半という長丁場が難だが、あまりオペラになじみがない人でも、一度身を委ねてしまうと意外と聴き通せる。ドイツの市民の物語なので、彼らが信奉するルター派プロテスタントのコラール（賛美歌）や民謡のメロディなどが登場するのも、親しみやすさの一因なのではないだろうか。

物語も（やや複雑ではあるが）感動的である。主なストーリーは、若者が試練を乗り越えて人間として成長し、恋人と結ばれる成長物語で、これはドイツ文学の伝統でもあるし、オペラにも似たような伝統がある。第一章で触れたように、モーツァルトの《魔笛》も、若者が試練を乗り越えて成長し、恋人と結ばれるなりゆきは同じだ。《マイスタージンガー》では、そこに「芸術」がからんでくるのが味わい深い。騎士出身の若者が恋を成就させるために、靴職人を兼ねた有名な歌うたいの指導を受けて歌合戦に勝利し、恋人と人々の尊敬を射止める。その過程で、ワーグナーならではの芸術論が開陳されてゆく。

さらにこのオペラでは、最後の最後に別の次元のクライマックスが待っている。歌合戦に勝利した若者は、職匠歌手＝マイスタージンガーの組合への加入を勧められるが、規則だらけの組合にいったん拒まれた経験からそれを断る。すると、彼を指導した歌うたいから、「ドイツのマイスターに敬意を払って」ほしいと引き留められる。最後は歌うたいが主導して「神聖ローマ帝国が滅びようとも／ドイツの芸術は生き延び、繁栄する」というドイツ芸術讃歌が大合唱によって歌い上げられ、圧倒的な高揚感へと到達する。

初演はワーグナーのオペラの中でも伝説的な成功を収め、客席はすさまじい熱狂に包まれた。それは、このオペラがドイツ統一の数年前に完成、初演されていることも無関係ではない。最後の大合唱の一節、「気をつけるがいい／不吉な攻撃の手が迫っている」というくだりは、フランスに対抗してドイツ統一を成し遂げようというナショナリズムの現れである。

一方《ニュルンベルクのマイスタージンガー》は、初演に続く各地での上演で、熱狂とともに反発も引き起こした。なぜならこの作品には、ワーグナーの「反ユダヤ主義」が読み取れるからである。そのため観客席にいたユダヤ人たちは反発し、会場によってはさらにそれに対して「反ユダヤ」を象徴する合言葉が飛び交って、騒然となったという。

ワーグナーは《マイスタージンガー》初演の翌年、二〇年近く前の亡命時代に偽名で発表した論文「音楽におけるユダヤ性」に手を入れ、実名で出版している。いわば公然と反ユダヤを主張したわけで、ユダヤ人の反発は当然なのだが、そのような主張は、《マイスタージンガー》自体にも見え隠れしている。ワーグナーは、自分の作品は自分の思想の体現であると公言していたから、両者が無関係だとは考えられない。

だがそのことに触れる前に、《ニュルンベルクのマイスタージンガー》という作品の歴史的背景をたどってみることにしたい。

ドイツ人の郷愁を誘う「古き良きドイツ」の象徴――一六世紀のニュルンベルクとハンス・ザックス

ニュルンベルクは美しい街だ。人口およそ五〇万人、バイエルン州ではミュンヘンに次いで二番目に大きな街で、活気にあふれていると同時にがっしりと堅牢な城壁に囲まれ、煉瓦《れんが》色の屋根が続く中世の街並みや、堂々とした教会建築が目につく古都でもある。世界一美しいと謳われるクリスマスマーケットでも有名で、一二月に入ると趣向をこらしたクリスマスオーナメントを売る屋台がさざめくように建ち並び、スパイスが効いた甘いホットワインの「グリューヴァイン」や、生姜《しょうが》入りのクリスマス菓子「レープクーヘン」の甘い香りが立ち込める。湯気

《ニュルンベルクのマイスタージンガー》の街ニュルンベルク

の立つグリューヴァインを手に、イルミネーションを輝かせている屋台をのぞきながらそぞろ歩くのは、クリスマスマーケットならではの心弾む体験だ。

そんなニュルンベルクの旧市街の一角に、「聖カタリーナ教会」の遺構が残っている。《ニュルンベルクのマイスタージンガー》第一幕の舞台である。ここでヴァルターとエーファは恋心を確かめ、マイスタージンガーたちは集い、ヴァルターは「マイスタージンガー」たちの前で歌を詠んで失敗し、ザックスは彼の才能を感じたのだった。実際、この教会にマイスタージンガーたちが集っていた時代もあったらしい。

しかし聖カタリーナ教会は、繰り返しだが遺構である。残っているのはほぼ外壁だけで、内部は見事に消えている。第二次世界大戦で爆撃されたのだ。いや、聖カタリーナ教会だけではない。ニュルンベルクは第二次世界大戦において連合軍の空爆を受け、市街地はほぼ全域が破壊された。ニュルンベルクは、連合軍にとって重要な爆撃目標だった。なぜならこの街は、ナチスの党大会がたびたび開催された「ナチスの街」だったのだ。戦後ニュルンベルクではその悪夢を清算するように、「ニュルンベルク裁判」と呼ばれる戦後処理裁判が行われている。

その後、街は再建され、中世の雰囲気を取り戻した。やはり瓦礫《がれき》の中から忠実に再建された、ドイツの多くの古都のように。その中で聖カタリーナ教会は、ニュルンベルクの「影」の部分の証人のように、ひっそりと佇《たたず》んでいる。

聖カタリーナ教会跡

ナチス政権時代がニュルンベルクの「影」の時代なら、オペラの舞台になっている近世はニュルンベルクの「光」の時代である。この街はかつて「ドイツの都市」のお手本だった。ヨーロッパの南北を結ぶ街道沿いに位置し、商業、さらに手工業で繁栄した。一三世紀には神聖ローマ皇帝から自治権を認められ、独立国に準じる「帝国自由都市」となる。一四世紀にはカール四世の「金印勅書」により、最初の「国会」の開催地に定められた。カール四世のみならず多くの皇帝に気に入られた街でもあり、旧市街の一角には皇帝が滞在していた古城「カイザーブルク」が威圧的にそびえている。印刷、出版業も盛んで、ギリシャ・ローマ古典から民衆本に至るありとあらゆる著作からドイツで初めての都市法典までが印刷、刊行された街でもあった。

オペラの時代背景に設定されている一六世紀、ニュルンベルクは最盛期を迎えていた。世紀の前半には二万数千人、世紀末にはおよそ五万人の人口を抱え、八つの教会、一〇の市場、六八の水車（各職業の同業組合が所有）がひしめき、「全ドイツに輝く太陽」と謳われた賑わいを謳歌した。ドイツ・ルネサンスを代表する画家アルブレヒト・デューラーは一四七一年にこの街で生まれ、ニュルンベルクを代表する歌人で、《マイスタージンガー》の主人公でもあるハンス・ザックス（一四九四―一五七六）もこの時代に活躍した。一五一八年にはルターがニュルンベルクを訪問し、二五年にはルター派を受け入れている。

ニュルンベルクは、「マイスタージンガー」（＝「職匠歌手」）の芸術が盛んだったことでも知られる。「マイスタージンガー」は、《タンホイザー》に出てくる騎士歌人＝ミンネゼンガーが都市に住み着いたことに始まる都市の職人による歌い手で、ミンネゼンガー同様、ひとりで作詞、作曲、歌い手をこなした。ミンネゼンガーとの違いは、本業と同じように「組合」を作り、「マイスター歌唱 Meistergesang」の規則に則って作歌をしたことである。「マイスタージンガー」を名乗れるのは、この歌人組合の親方に限られた。

マイスタージンガーの最盛期はオペラと同時代の一五、六世紀で、彼らの活動の中心となったのもニュルンベルクをはじめとする南ドイツの都市だった。マイスタージンガーたちは本業と同じように「組合」を通じて弟子を養成し、市民芸術を支えた。オペラの第一幕でヴァルターの歌がベックメッサーによって批判されるのは、この規則から外れていたからである。ヴァルターは「騎士」だからミンネゼンガーなのだが、そのヴァルターがマイスタージンガーであるハンス・ザックスの指導を受け、マイスタージンガーとして認められ、組合に入るというなりゆきは、中世から近世へと時代が移り、「宮廷」から「都市」へ、「貴族」から「市民」へと経済的、文化的な繁栄が移った、歴史の移り変わりそのものだ。

ニュルンベルクには、一五世紀の初めから「マイスタージンガー」が存在した。一四五九年にはマイスタージンガーの組合が生まれ、最盛期にはおよそ二五〇人が属している。またマイスタージンガーのもっとも古い規則集も、一五四〇年にニュルンベルクで出版されている。マイスタージンガーの組合は規則にしばられたことで形骸化し、三十年戦争後の一七七八年に解散した。

だがオペラに登場するニュルンベルクや職人たち、マイスタージンガーたちのありかたは、史実とはかなり異なっている。《マイスタージンガー》では、職人たちが市の名士であるかのような描かれ方をしているが、実際は職人階級＝市民階級が市の指導的立場にあったわけではなかった。市の政治は一部の有力者が占める「小参事会」が握っており、職人がそこに入り込むことは不可能だった。また職人たちの行動は、参事会によって細かく決められ、監視されていた。他の街では同業組合が決めていたことでも、ニュルンベルクでは参事会が決めた。オペラに見られるように騎士であるヴァルターと職人であるポーグナーが自由に会うとか、職人たちがお祭りの行進を主導するなどということは、まず考えられなかったのである。

また経済活動の活発化に伴って人口が増えても、居住スペースがそれに追いつかず、多くの人々はすし詰めのような状態で生活していた。そのため、ペストのような疫病の蔓延もしばしば起こった。一五六一年にペストが流行した時は、実に街の人口の五分の一にあたる一万人が死亡している。

さらに、一五世紀の末には悪名高い「ユダヤ人追放令」が出され、ユダヤ人は財産を没収された上に追放された。ナチス時代の一九三五年にユダヤ人の市民権を剥奪する「ニュルンベルク法」がこの街で制定されたのは、偶然ではない。

それを考えると、オペラで描かれているニュルンベルクやマイスタージンガーたちは、かなり理想化されていると言えるだろう。ここに見るニュルンベルクは「理想化されたマイスター芸術のアルカディア（桃源郷）」（池上純一）なのだ。

なぜ、ニュルンベルクは理想化されたのだろうか。

背景は、やはり一九世紀のナショナリズム、そしてロマン主義である。中世の面影を漂わせ、一般庶民や市民たちが活躍して黄金時代を築いたニュルンベルクは、「民族精神揺籃の地」（池上）として注目を集めるようになり、一八世紀の末から一九世紀にかけて、ヴァッケンローダー、E・T・A・ホフマン、ジャン・パウルといった文学者の作品の舞台となった。また「全ドイツ歌唱祭」「ニュルンベルク民族祭」といった民族的祭典が行われ、ドイツ統一へ向けてニュルンベルクを象徴的な場所にしようという気運も高まった。ワーグナーもルートヴィヒ二世に、バイエルン王国の首都をニュルンベルクにするよう進言したりしている。

第三幕第二場で、オペラの主人公であるハンス・ザックスは歌う。「ドイツの中心に鎮座する、麗しのニュルンベルクよ」。これこそ、当時のドイツ人がニュルンベルクに求めた憧れの姿だったのだろう。

ハンス・ザックスもまた、古き良きドイツの象徴として、一九世紀に再発見された人物である。

ザックスは、「ドイツのホメロス」とも呼ばれたマイスタージンガーである。ニュルンベルクで仕立て屋の息子に生まれるが、自らは靴職人を志し、徒弟〜遍歴〜親方という、当時のドイツの職人がたどる過程をたどって靴屋として独立。同時にマイスター歌唱も修め、こちらの「親方」としても活躍した。知られているだけでも、四三七四編のマイスター詩、一二〇本の悲喜劇、八五本の謝肉祭劇を残した多作家で、とりわけ謝肉祭劇は有名である。マルティン・ルターの宗教改革にはとても共感しており、ザックスの名が世に知られるきっかけとなった長編詩『ヴィッテンベルクのうぐいす』は、ずばりルター讃歌だった。

劇中のザックスは妻に先立たれた「やもめ」だが、彼がやもめになったのも事実である。ただ独り身はわずか一年で終わりを告げ、六七歳でおよそ四〇歳年下の女性と再婚する。史実のザックスは、エーファを見つけたということだろうか。とはいえ再婚した相手は六人の子持ちの未亡人だったから、未婚で純粋なエーファと同じというわけではなかったけれど。

一八世紀末以降、ザックスはロマン主義、ナショナリズムとともに復活する。きっかけは没後二〇〇年の一七七六年にゲーテが発表した『ハンス・ザックスの詩的使命』。これを機にザックスは、ニュルンベルクやヴァルトブルクや聖エリーザベトのような人気の題材となり、一九世紀には彼を主人公にした戯曲やオペラが二〇作ほど作られた。また、彼自身の作品集も出版されている。とりわけダインハルトシュタインの劇詩『ハンス・ザックス』は人気を博し、アルベルト・ロルツィングは友人のフィリップ・レーガーとともに、これを下敷きにしたオペラ《ハンス・ザックス》を作曲した（一八四〇年初演）。この作品は当初かなり人気を博したが、ワーグナーの《マイスタージンガー》が浸透するにしたがって上演されなくなり、今に至っている。

ザックスは劇中でベックメッサーをやり込めるが、ベックメッサーは市の参事会の書記であり、ザックスたち職人より身分が高い。このような身分の低い人間が権力者をやり込める物語は、一八世紀以来フランスで流行していた「市民劇」で好まれたパターンである。第一章で触れたボーマルシェの『フィガロの結婚』は、市民劇の典型だった。

《タンホイザー》の続編として

《ニュルンベルクのマイスタージンガー》は、《タンホイザー》の直後に構想された作品である。《タンホイザー》を書き終えたワーグナーは、「《ヴァルトブルクの歌合戦》に続く喜劇」を書く計画を立てた。古代アテネで、悲劇の後に滑稽な劇（＝「サテュロス劇」）を上演するならわしがあったことから思いついたのである。ミンネゼンガーを主人公とした《タンホイザー》と、その後継者であるマイスタージンガーが活躍する《マイスタージンガー》という組み合わせは、たしかに対として絶妙だ。

火がつくとワーグナーは筆が速い。一八四五年、《タンホイザー》を完成させたばかりの彼は、ゲルヴィヌス『ドイツ国民文学の歴史』（一八三五―四二）、ヤーコプ・グリム『古いドイツのマイスター歌について』（一八一一）、J・C・ヴァーゲンザイル『ニュルンベルク年代記』（一六九七、劇中のマイスタージンガーの名前はここから採用）、そしてもちろんザックスの作品集も参考に、散文台本の第一稿を書き上げた。

だがその後ワーグナーは、再三触れてきたように革命に関わって亡命し、オペラの上演などかなわない身になってしまう。とはいえ創作には精力的で、《トリスタンとイゾルデ》や《ニーベルングの指環》などを構想、作曲する一方で、芸術に関する多くの著作を刊行した。

《マイスタージンガー》が再び浮上したのは、追放令が解け、ルートヴィヒの保護を受けるようになってからである。このオペラを創作している間のワーグナーは、生活の苦労から解放され、コジマという伴侶や子供にも恵まれて、それまでの彼の人生で最大の幸福を謳歌していた。《マイスタージンガー》が晴れやかな気分に満たされているのは、ワーグナー自身が感じていた私的な幸福感も無関係ではないだろう。

《マイスタージンガー》は、ワーグナーの芸術論であり、音楽論でもある。規則にしばられた古臭い芸術としての「マイスター歌唱」は揶揄され、より自由な芸術が賞賛されている。ワーグナー自身、自己を「ドイツのマイスター」「神聖なるドイツ芸術の番人」だと自負していた。

しかし、音楽が喜ばしく堂々としていても、ワーグナーの、そしてドイツの「反ユダヤ主義」という影の歴史がこの作品の中に刻み込まれていることは、否定できない。

ワーグナーの複雑な「反ユダヤ主義」

ワーグナーの反ユダヤ主義の背景には、公私取りまぜた事情がからんでいる。パリでの苦い体験についてはすでに触れたが、それ以前から反ユダヤ感情を持つきっかけがあったと指摘されることも少なくない。よく言われるのは、ワーグナーの生後まもなく亡くなった実父に代わり、母のヨハンナが再婚した俳優のルートヴィヒ・ガイヤーがユダヤ系であり、本当は彼こそワーグナーの実父ではないかという疑いである。ワーグナーは終生、その疑いから解放されることはなかったようだ。そもそもライプツィヒでワーグナーが生まれたあたりは、ユダヤ人の多い地域だった。

彼の反ユダヤ感情が公になった著作「音楽におけるユダヤ性」で、ワーグナーはユダヤ人は「悪魔」であると公言した。この考えは終生変わることはなかった。ワーグナーはさらに、彼らの気質や人柄に「抑え難い嫌悪感」を感じ、容貌や言葉や口調が滑稽だと嘲笑し、彼らの芸術には内容がなく、彼らは金によって世界を支配しているなどと、多くの点にわたって持論を展開した後、こう締めくくっている。「さまよえるユダヤ人の解放とは——亡びゆくことなり！」

つまりワーグナーは、ユダヤ人を排斥しろと言っているのである。その果てに「血」の純粋性を重視するナチズムのこだまが聞こえるとする識者は、少なくない。

《マイスタージンガー》では、敵役である市の書記ベックメッサーが、ユダヤ人のカリカチュアになっていると考えられる。

ベックメッサーは、当初「ファイト・ハンスリヒ」という名前だったが、これはワーグナーと対立したウィーンの音楽評論家で、ユダヤ系の母を持つエドゥアルト・ハンスリックを揶揄したものだった。さすがに気が引けたのか、後にワーグナーはベックメッサーという名前に変えている。他のマイスタージンガーの名前が実在の人物によっているのに対し、彼だけが創造された架空の人物であることに注目したい。

ベックメッサーは、ワーグナーが考えるユダヤ人的な特徴を多く持ち合わせている。音楽で表現されるベックメッサーの歌い方や動作は落ち着きなく騒々しいし（シナゴーグにおけるユダヤ人の歌を真似たという説もある）、エーファに求婚する理由も、彼女の父親のポーグナーの財産目当てなのだ（第二幕でベックメッサーは「金細工師〔＝ポーグナー〕の莫大な財産」と口走る）。

例の「音楽におけるユダヤ性」が改訂され、実名で出版されたのは、繰り返しだが《マイスタージンガー》初演の翌年のことだった。つまりワーグナーは、反ユダヤ主義者であることを堂々と公言したのである。

当時のドイツと反ユダヤ主義

反ユダヤ主義は何もワーグナーの専売特許ではない。ヨーロッパには昔から根強い反ユダヤ感情が存在し、ことあるごとにユダヤ人が差別されてきたことは、多くの人が知る通りである。シェイクスピアの『ヴェニスの商人』は、ヨーロッパ人に共通するユダヤ人観をさらけ出した文学作品の好例だろう。

そんな中で、一七世紀以降、ユダヤ人は次第に社会の表に現れてくる。きっかけは、王侯が経済的な理由で富裕なユダヤ人を召し抱えて財政顧問にし「宮廷ユダヤ人」として取り立てたことである。「宮廷ユダヤ人」は、やがて絶大な力を持つようになる。フランス革命後もユダヤ人銀行家の財力は大きく、しばしば政府と結びついて財閥を形成した。そんな彼らは、次第に反感を買うようになる。

ドイツが統一に向かう過程でも「ユダヤ人」への反感は利用された。一九世紀の初め、神聖ローマ帝国が崩壊した頃、危機感を覚えたドイツの知識人によって「ドイツ人」であることが賞揚されたが、一方で劣った者としてユダヤ人が攻撃の対象になったのである（フィヒテ『ドイツ国民に告ぐ』〔一八〇七－〇八〕など）。

共和思想の浸透とともに、反ユダヤ感情はいったんおさまる。だが、一八七〇年代にドイツが統一された後、その興奮がおさまっていろいろ矛盾が出てくると、排他意識が募り、「ユダヤ人はドイツ民族の災い」（トライチュケ、一八七九）という説が唱えられたり、反ユダヤ主義を看板にして人気を博す政治家が出現する（「近代的反ユダヤ主義」）。《ニュルンベルクのマイスタージンガー》では、マイスタージンガー一同やニュルンベルクの市民たちはベックメッサーに対して終始冷たい目を向けるが、そこには、当時のドイツ人のユダヤ人に対する反感も投影されている。ベックメッサーはマイスタージンガーの組合から排除、つまり社会から排斥され、貴族の末裔である、つまり身分正しきヴァルターが、それにとって代わるのである。

ナチスによるユダヤ人迫害は、このような考えの延長線上に現れる。そしてワーグナーは「音楽におけるユダヤ性」で、その思想を先取りしていたのだった。

ヒットラーとワーグナー、そして未来

ヒットラーはワーグナーに心酔していた。一二歳の時、生まれ故郷のリンツの歌劇場で《ローエングリン》に出会って魅了され、一七歳の時、《リエンツィ》に接して自らの人生の使命に目覚めた。《リエンツィ》の序曲は、後にナチスの党大会の前奏曲として演奏されるようになる。彼は自分をワーグナーの後継者であると自認し(ケーラー)、ワーグナーのオペラに浸るだけでなく著作を読み漁り、ワーグナーの自伝『我が生涯』にならって『我が闘争』を書いた。ドイツ芸術への讃美とユダヤ人への嫌悪を織り込んだ《マイスタージンガー》は、ニュルンベルクで開催されるナチスの党大会に欠かせないオペラとなった。

そんなヒットラーはバイロイトの一族から歓迎され、家族のように自由にバイロイトに出入りし、当主のヴィニフレートからワーグナーの自筆譜を贈られた。ワーグナーの娘エーファの婿で、人種差別主義者としても知られ、ワーグナーの思想も取り入れた『一九世紀の基礎』というベストセラーを出したイギリス人チェンバレンは、最晩年に出会ったヒットラーを自分の後継者と考えた。そして《マイスタージンガー》はナチスの時代に、バイロイトを象徴するオペラとなったのである。

ニュルンベルクの光の時代と影の時代。《マイスタージンガー》は、期せずしてその二つをつないでいる。

そんな《マイスタージンガー》だが、戦後は速やかに復活した。現在でも、その人気は高い。とはいえ、本作の上演に際しては、演出家はいやでも歴史と向き合うことを求められる。無視するにせよ取り込むにせよ、何も知らないで《マイスタージンガー》を演出するわけにはいかないだろう。

筆者はそう多くのプロダクションに接しているわけではないが、近年印象に残ったのは、バイロイト音楽祭で二〇一七年に初演されたバリー・コスキーの演出によるプロダクションである。男性主人公たち——ザックス、ヴァルター、ダヴィットは、それぞれ壮年期、青年期、少年期のワーグナーに置き換えられる。エーファはワーグナーの糟糠の妻だったコジマ。エーファの父ポーグナーは、コジマの実父である作曲家・ピアニストのフランツ・リスト。そして敵役のベックメッサーは、ワーグナーに心酔していたユダヤ人指揮者のヘルマン・レーヴィという設定になっている。レーヴィはワーグナーの最後のオペラ《パルシファル》の初演を指揮し、その際にユダヤ教からキリスト教に改宗した。舞台はワーグナーの生きた時代に始まり、最後は「ニュルンベルク裁判」の法廷へとたどりつく。ザックスの最後の演説では、法廷のセットが次第に後退していき、代わりにピットからオーケストラが現れ、ワーグナーはそれを指揮する。群衆が去った舞台に、オーケストラとワーグナーだけが残されるのだ。

政治から音楽へ。ここにはおそらく、コスキーのそのようなメッセージが託されている。コスキーはユダヤ系で、ユダヤ系の演出家がバイロイトに登場するのも初めてだったという。かつてこの作品を通じて迫害を煽られたユダヤ人の側からの「音楽が残る」というメッセージには、深い意味があるのではないだろうか。インタヴューなどを読むと、コスキーはワーグナーの「音楽」には心から傾倒しているようである。

歴史の克服は、こうしてゆるやかに進んでいくのかもしれない。

推薦ディスク

ワーグナー《タンホイザー》

◆ザイフェルト、ユリア＝モンゾン、アイヒェ、グロイスベッグ、シュニッツァーほか　ヴァイグレ指揮　カーセン演出　リセウ大劇場ライブ　キングインターナショナル　二〇一一

タンホイザーを「画家」に見立てたカーセンの演出が冴える。歌手も高水準。

同《ニュルンベルクのマイスタージンガー》

◆フォレ、フォークト、グロイスベック、クレンツル、シュヴァネヴィルムスほか　ジョルダン指揮　コスキー演出　バイロイト音楽祭ライブ　キングインターナショナル　二〇一七

本文で触れたコスキー演出によるもの。音楽的な水準も申し分のない名演。

第四章　ジャポニスムが行き着いた「幻想の日本」——《蝶々夫人》への道

《蝶々夫人》1904年初演時のスカラ座のポスター

《蝶々夫人》

作曲：ジャコモ・プッチーニ
台本：ルイージ・イッリカ、ジュゼッペ・ジャコーザ
初演：一九〇四年　ミラノ、スカラ座

あらすじ

明治時代、一九世紀末の長崎。滞在中のアメリカ人海軍士官ピンカートンは、斡旋人《あっせんにん》ゴローの仲介で芸者の蝶々さんと「結婚」する。だがそれは「たったの百円」で買え、いつでも破棄できる「九九九年」の契約による、一時的な現地婚だった。軍港だった当時の長崎では、外国人軍人が滞在中に「現地妻」を斡旋してもらえるシステムがあったのだ。だが蝶々さんはピンカートンに一目惚れしてしまい、自らすすんでキリスト教に改宗までしてしまう。僧侶である伯父のボンゾは改宗に怒り、蝶々さんは一族から縁を切られてしまうが、ピンカートンがいてくれれば蝶々さんは幸せだった。

日本での任務を終えたピンカートンは母国に帰り、三年が過ぎた。蝶々さんは彼の帰りを信じて待ちつづけている。短い蜜月の結果、子供も生まれていた。だが、女中のスズキをはじめ周囲の人間は「外国人の夫」が帰ってくるとは信じていない。斡旋人のゴローは資産家のヤマドリを「夫」候補に勧めるが、蝶々さんは見向きもしない。

船の入港を告げる大砲の音が聞こえた。蝶々さんはそれがピンカートンの船と知って喜び、彼を迎える準備をする。だがようやく現れたピンカートンは、アメリカで結婚した妻ケイトを連れていた。子供を引き取りたいというピンカートン夫妻の意思を伝えられた蝶々さんは、子供に別れを告げ、父の形見の短刀で自害する。

「怖い絵」ならぬ「怖いオペラ」？

《蝶々夫人》のファンには大変申し訳ないが、筆者はこのオペラが苦手である。

《蝶々夫人》というオペラに対して、複雑な気持ちを抱く日本人は少なくないだろう。西洋人の目線を通して見た日本や日本人に対する印象に、差別的な目線が混じっているからだ。紙でできたちゃちな家、ペコペコとお辞儀をする日本人、ぞろぞろと出てくる蝶々さんの一族、蝶々さんの奇妙な持ち物、もみ手をせんばかりに媚びる「仲人（＝斡旋人）」ゴロー、ありとあらゆる神々に祈るスズキ……。西洋の代表選手ピンカートンは、そのようなものを珍妙だと感じ、見下げるような態度をとる。

女性の立場から見れば、《蝶々夫人》には、女性を性的対象としか見ない男性目線もあらわである（筆者などは正直、こちらのほうが気になる）。年齢を尋ねられて「一五歳」だと答える蝶々さんに、「一五歳なんておもちゃを欲しがる年頃」だと呟きながら、ピンカートンは露骨に欲望をそそられるのだ。可憐な蝶々さんが初夜を前に帯を解くシーンでは、ピンカートンは舌なめずりせんばかりである。

だが、筆者がこのオペラを居心地が悪いと感じる一番の理由は、蝶々さんの人物像にある。外国人軍人の「現地妻」（＝「洋妾《らしやめん》」）というシステムは、当時の長崎に実在した。貧しい家の娘が、いわば期間限定の妾奉公をするのである（オペラで蝶々さんを「芸者」としているのは、実際にはほぼありえないか、あったとしても稀な例である。詳しくは後述）。その習慣のある長崎で、「父が『ミカド』に逆らって自害を強いられた」（劇中の台詞による。しかし「ミカド＝天皇」が武士に切腹を命じることはない）ため、没落して「貧しくなった」（これも劇中で明言されている）家の娘であれば、外国人軍人と「結婚」するのがどういうことかわかっていたはずである。なのに蝶々さんは、まるで何も知らずに嫁いできて、ピンカートンに騙されてしまったかのようである。ピンカートンは、これもはっきりと劇中で「九九九年」の「いつでも破棄できる」契約を「百円で買った」と言っているし、女中のスズキも、帰らぬ夫を待ちつづける蝶々さんに、「外国人の夫が帰ってきたなど聞いたことがない」と告げる（筆者の感覚だと、観客の九〇パーセント以上はこのあたりをスルーしていて気づいていない）。それでピンカートンが「騙した」などと責めるのは、いかがなものだろうか。

もちろんピンカートンは軽薄で、鼻持ちならない人物である。けれど上のような理由で、筆者は蝶々さんに感情移入することができない。始末の悪いことに、プッチーニの音楽は蝶々さんへの感情移入を要求してくる。これでもまだ泣かないか、と耳元で囁きつづけるのだ。人物に感情移入して「泣ける」ところがプッチーニのオペラの人気の大きな理由だから、それになじめないのはなかなか辛い。オペラなど元来荒唐無稽なものだし、それでかまわないと筆者は思っているのだが、プッチーニの音楽は美しくもリアリスティックなのである。

実は《蝶々夫人》の原作群では、蝶々さんは自分の置かれた立場をちゃんと理解している。だがプッチーニはそのような部分を、ヒロインを美化するためにばっさり削ってしまった。その結果、蝶々さんはより純粋無垢な女性へと変貌した。

このようなヒロインの美化は、プッチーニの常套手段ではある。例えば《ラ・ボエーム》は、一九世紀のパリを舞台に、貧しいお針子と若い詩人の悲恋を描くオペラだが、当時のお針子は娼婦と隣り合わせだった。原作となったミュルジェールの小説『ボヘミアンたちの生活情景』では、ヒロインはかなり移り気だが、プッチーニはオペラ化にあたって、ヒロインを自分好みの一途な女性に変えている。よくよく見ると、ヒロインは真夜中にひとりで男性のいる部屋に火を借りに来るという、堅気の女性ならまずありえないシチュエーションで登場したり、子爵の世話になったり、できたばかりの恋人にものをねだったりしているので、まったくの素人というわけではないのだが、《蝶々夫人》と同じように、このような部分を最大限見えにくくしてしまうのがプッチーニの常套手段なのだ。

とはいえヒロイン（やヒーロー）の美化は、プッチーニのみならず多くのオペラ作曲家、そしてオペラにとどまらず、あらゆる芸術作品によくあることだろう。《蝶々夫人》同様高い人気を誇る、ヴェルディの《椿姫》も同じだ。《椿姫》のヒロインは高級娼婦だが、原作よりよほど美化され、恋人のために進んで身を引く立派な女性になっている。《椿姫》のヒロインも《蝶々夫人》のヒロインも、一九世紀のオペラ、特にイタリア・オペラで好まれた「自己犠牲」を行うヒロインだ。

だが《椿姫》のヒロインは自分が高級娼婦だということをよくわかっており、だからこそ恋人の父にそのことを指摘され、別れを強いられた時に自分で身を引く決断をするが、蝶々さんはそうではない。現実に目をつぶり、耳を塞いで、最後の最後にそれを突きつけられて自害する。

もうひとつ、《椿姫》と《蝶々夫人》の大きな違いは、《椿姫》のヒロインにはモデルがいるが、《蝶々夫人》のヒロインにはモデルがいない（少なくともこれまでは見つかっていない）ことである。《椿姫》のヒロインは一九世紀のパリに実在した高級娼婦だから、その時代を舞台上に再現することはできる。だが、《蝶々夫人》の「日本」は、実在しない幻想の国なのだ（詳しくは後述）。同時に《蝶々夫人》は、戦後GHQに差し出された日本女性と同じような、そしてありとあらゆる時代にも国にもありうる、同じような歴史の恥部を暗示している作品でもある（《椿姫》もそうだが）。そう考えると、これは「怖い絵」ならぬ「怖いオペラ」かもしれない。蝶々さんが現実から必死に目を背けるのは、観客が歴史の恥部から目を背ける、あるいは、知らないままでいようとするのと同じことなのかもしれない。

「日本人女性」のイメージを定着させた「蝶々さん」

「日本人だから、《蝶々夫人》みたいな女性かと思ったら、違った」

筆者の知人で、イタリア人と結婚しているある日本人女性は、夫からそう言われたことがあるという。彼は日本人女性に対して、蝶々さんのように健気で、夫の言うことには何でも従う女性だというイメージを持っていたようなのだ。

「最近《蝶々夫人》にはまって。男にとってあんなに都合のいい女性、いないですよね」

これは、筆者の知人のある日本人ジャーナリストの言葉である。

可憐で一途で従順で、裏切られても潔く身を引く。そんな蝶々さんは、西洋人のみならず日本の多くの男性にとっても理想の女性に違いない。

「天国のような生活」とは、「アメリカの給料をもらい、イギリスの家に住み、中国人のコックを雇い、日本人の妻をもらう」ことだというアメリカ発のジョークがあるようだが、ここでの「日本人の妻」像には、蝶々さんの影響が多分にあるのではないだろうか（ちなみに「地獄」とは、「中国の給料をもらい、イギリス人のコックを雇い、日本の家に住み、アメリカ人の妻を持つ」ことなのだそうだ）。

「ジャポニスム」と呼ばれる日本ブームがあった一九世紀後半の欧米人男性にとって、日本を含めたアジアは、自分たちがしばられていたキリスト教の一夫一婦制の道徳から解放してくれる、性的に自由な国だった。実際日本では、キリスト教国ほど処女性、純潔は重視されない。一六世紀に来日した宣教師のルイス・フロイスは、「日本人は純潔を重んじない。貞操を失っても結婚できる」と驚いている。

長崎の「現地婚」は、実際に日本を訪れた数少ない欧米人男性の一部にはよく知られた習俗だった。その背景には、軍港としての長崎の存在がある。

長崎は、日本開国後の一八五九年に港を開いた。一八五四年に結ばれた日米和親条約に基づき、この街には「外国人居留地」が設けられた。そこには欧米の軍艦乗組員が暮らすようになり、居留地を見下ろす山手の丘の上には、長崎に居を構えて成功した商人たちの豪邸が建てられた。有名な「グラバー邸」は、武器の輸入などで財産を築いたイギリス人商人、トーマス・ブレーク・グラバーの邸宅である。

だがほとんどの乗組員は、数ヶ月の滞在で日本を去った。彼らの滞在中の憂さ晴らしとして人気だったのが、性的な関係を目的にした一時的な「日本式結婚」である。それは秘密の斡旋人を介したものだったが、この「日本式結婚」を実際に体験したフランス人ピエール・ロティは、体験を『お菊さん』という小説にしてベストセラーとなった。その手の物語が経験者によって活字になったのは、この小説だけである。

だが「お菊さん」のキャラクターは、「蝶々さん」とはまったく違う。ロティは日本人特有の感情を表に表さないお菊さんを、血の通った「人間」として感じることはできなかった。

しかし「お菊さん」は「蝶々さん」のスタートラインである。そして「日本の女」、もっと言えば「黄色い女」への興味が生まれたのは、《蝶々夫人》以前からヨーロッパで流行したジャポニスムと異国趣味の成果だった。プッチーニはその流れの最後で、自分の心の中にしか存在しない自らの理想の女性を、幻想の国日本という背景の下に創り上げたのである。

『お菊さん』——長崎を訪れたあるフランス人の現地妻体験

激しい雨が降っていた。

そのフランス人は、人力車に揺られて「ナガサキ」の真ん中を通っていた。車を覆う布の隙間から雨が漏れ、体を濡らしてくる。

「しかめ面の、泥まみれの、溺れ損ないの日本」を眺めながら、彼は思う。「誰が此のびしょ濡れの小さな車の通るのを見て、此の中に相手を捜しに行く人間がはひつていようと思ふ者があるだらうか?」（野上豊一郎訳）

彼は「百花園」へ向かっていた。それはこの国から帰ってきた友人たちから聞いた「茶屋」であり、そこへ行けば「カングルウ（勘五郎）・サン」という通訳兼洗濯屋兼「人種結合の秘密斡旋人」がいて、「不思議な運命がわたしに結びつけてくれる所の若い娘」に引き合わせてくれるはずなのだった。

ピエール・ロティは、世紀末のフランスを代表する作家のひとりである。本職は海軍の軍人で、本名はルイ・マリ・ジュリアン・ヴィヨー。四二年にわたって海軍に勤務するかたわら、訪れた各地の印象をもとに多くの小説や戯曲を書いた。文学者としての評価は高く、アカデミー・フランセーズの会員にも選ばれている。

ロティは一八八五（明治一八）年の夏、砲艦の修理のために一ヶ月ほど長崎に滞在した。その間に娶《めと》った「現地妻」体験に基づいて書いた小説『お菊さん』（モデルとなった少女の本名は「お兼さん」である）は、一八八七年に雑誌『フィガロ』に連載され、爆発的な人気を博した。一八九三年に単行本として出版されると、フランス国内だけで五年間に二五刷を数える大ベストセラーになり、各国語に翻訳されている。若い日本人女性を指す「ムスメ」という呼び名も、『お菊さん』で定着した。

だが、日本では『お菊さん』の評判はあまり芳しくない。日本に対する蔑視、特に日本人に対するそれが目につくからだろう。日本人は「醜く、卑しく、グロテスク」などと描写されれば、面白いわけがない。

だが、冷静に見れば、なるほどおかしく見えるだろうな、という観察もたくさんある。例えば、「四つん這いにな」ったり「這いつくば」ったりして際限なく繰り返される日本人のお辞儀の習慣はその通りだし、「砂糖煮のカニ」をはじめ料理に砂糖をたくさん使うのも、砂糖はデザートにしか使わないヨーロッパ人から見れば奇異に映るだろう。

さて、ロティ——小説では「わたし」——が日本で楽しみにしていたのは、友人たちから聞いていた「結婚」だった。到着を目前にした船の中で、「わたし」は仲間に言う。「日本に着いたらすぐ結婚するんだ。皮膚の黄色い、髪の毛の黒い、猫のような目をした女の子と。人形よりあまり大きくないのがいい」。その彼女と「紙の家」で、「花の中」で暮らすんだ、と。

長崎に到着後間もなく、「わたし」は斡旋人のいる「百花園」へ向かい、「お菊さん」と出会う。斡旋人はフランス語を話し、ロシアをはじめ各国の士官に「ムスメ」を斡旋していた。初め斡旋されたのは別の娘だったが、「わたし」はその娘が気に入らず、彼女の「お見合い」を見物するためについてきた大勢の女友達の中から、「お菊さん」に白羽の矢を立てた。「お菊さん」が「まだ結婚したことがない」（＝処女）というのも、「わたし」の欲望をかき立てた。

また「わたし」は当初「ゲエシャ」を所望したが、これは「法外な要求」として退けられる。芸を売る芸者と、貧しさから妾奉公に出る娘は別ものだったのだ。「わたし」もそれを知って、「日本式結婚」とはつまり親が「子供を売る」ことなのだと理解した。お菊さんの母親は元芸者だったが、子供をもうけるという過ちを犯して商売が続けられなくなり、七人の子供を養わなければならなかったのだ。

そんなつもりもなかったのに見初められたお菊さんはさぞ驚いただろうが、親に決められれば逆らえなかった。彼女は月一二ピアストルで、「わたし」の「妻」になる。登記役場での署名が組み込まれた「結婚式」もあったし、大勢の親類にも紹介された。オペラ《蝶々夫人》の第一幕には、明らかにこれに基づいた結婚式の場面がある。

「わたし」は「結婚」した。これまで「扇子の上」や「茶碗の底」で知っていた日本人の「ムスメ」と。しかし彼女は人形だった。感情表現をほとんどせず、あまり笑わず、すぐ疲れて生気に欠ける。着物の下に隠れていた肉体は、「曲がった足」と「細長い梨型の喉」をした、「小さな黄色い存在」に過ぎない。そんな彼女に「わたし」が感興を覚えるのは、昼寝をしている時の「装飾的」な姿だったりする。お菊さんはどこまでも「人形」なのである。

物語の締めくくりがまたすさまじい。「わたし」から出発することを告げられたお菊さんは別れを悲しむが、「わたし」がいないところで、餞別《せんべつ》にもらった銀貨が本物かどうか、床や柱に叩きつけて確かめる。この場面をたまたまのぞき見してしまった「わたし」は、何の未練もなく日本を去るのである。『お菊さん』はあくまで小説だから、このシーンがフィクションである可能性はもちろんあるが、未練を断ち切るという効果は十二分にある。

こうして「わたし」の夢だった異国での恋は、無残な結果に終わった。ロティはそれまでも、訪れたさまざまな国で女性と恋に落ちた。トルコ、セネガル、そしてタヒチでも。特にトルコでの恋は情熱的なものだったという。そんな彼にとって、日本の「ムスメ」はまったく期待外れだった。

しかしロティにとって、「ヂゥヂエンヂ」(=十善寺。外国人居留地のすぐそばの高台の上)にあった「紙の羽目」や「古い薄っぺらい木」でできた家での暮らしは、それなりに感興があったようだ。

その家は彼が望んだ通り、「青々とした庭」に囲まれていた。また縁側から見下ろす街や港の絶景ぶりは、感嘆の言葉とともに何度も描写されている。彼は船での勤務が終わる夕方にこの家を訪れ、お菊さんや、やはり現地婚をした他の仲間夫婦と連れ立って街へ降りて、お茶屋や店屋をのぞきながら散策して時間を過ごし、夜更けに再び家に登って、蚊帳の中に敷かれた薄い布団で、お菊さんの横に身を横たえた。そんな生活の中で体験した長崎の情景や空気、日々の営みは、彼の期待外れの「結婚」とは対照的に生き生きとし、色と匂いに満ちている。彼自身「色と形と匂いと音のこまごましい記録」を書き留めた、と綴っている。

日本の風物詩として見れば、この小説は悪くない。長崎の夜景に浮かぶ無数の提灯、祭りの風景、ごたごたと飾り立てられたフランスの室内とは対照的な、簡素を極めた寺院建築、空気に立ち込める花の香り、生い茂る緑と独特の湿気、男女問わず丸裸で行われる湯あみの光景……。「意外」で「想像も及ばない」食べ物の描写も面白い。お菊さんの食事は「雀の肉のはやし料理」「刻み肉を詰めた車蝦魚《くるまえび》」「砂糖を付けた唐辛子」などからできていて、最後は日本中で同じだという「デセル」が振る舞われるが、それはなんとおひついっぱいのご飯のことだ。お菊さんはそれに醬油をかけてかき混ぜ、口に運ぶ。ロティの目には、すべては「ままごと」のように映るのである。

とりわけ印象的なのは、「音」の描写である。「音」の小説と言ってもいいくらい、『お菊さん』はさまざまな音にあふれている。朝に夕に一斉に雨戸を開け閉めする音、猫やネズミやフクロウが屋根を走る音、雨のように降りしきる蟬の声、キセルからタバコを叩くパンパンいう音、風鈴の音、お菊さんや、大家の「マダム・プリュヌ」が爪弾く物悲しい三味線の音。中でもロティが「もっとも快い」と感じたのは、「朝の音楽」だった。鶏の歌、雨戸を開ける音、蟬の鳴き声……。

朝の音楽。《蝶々夫人》を知る人なら、思い当たるのではないだろうか。蝶々さんがピンカートンを待って夜が明けてしまった場面で、賑やかに始まる朝の情景描写である。『お菊さん』の「朝の音楽」の描写は、プッチーニにインスピレーションを与えているように思われる。

もうひとつ、明らかに『お菊さん』から《蝶々夫人》に採用されたのは、大家のマダム・プリュヌの祈りである。彼女は「アマ・テラス・オオミ・カミ」を振り出しにすべての神や先祖に祈るが、《蝶々夫人》ではスズキが同じようにいろいろな神に祈る。このシーンはオペラの直接の原作群には見当たらないのだが、ここに出てくるのだ。

さて、この本を読む限り、ロティはちょっといけすかないシニカルな人物だが、コンプレックスも強かったように思う。

長崎では有名だったという「上野写真館」で、ロティが「お兼さん」と撮った記念写真が残っている。面白いのは、日本人は「小さい、小さい」と連発するロティが、実は小男だということだ。小説でほのかな三角関係を形成する「イヴ」のモデルとなった友人ピエール・ル・コルと並んでいるから、よくわかる。ロティには自分が小柄であるコンプレックスがあったのかもしれない。

『お菊さん』は、日本人女性がヒロインの恋愛劇のスタンダードとなり、世界中で模倣された。後述するように、メサジェが曲をつけてオペラにもなった。結末が原作と変わっているのが面白い。なんと主人公は、帰りの船中でお菊さんからの手紙を開き、彼女が心から自分を愛していたことを知るのだ。実はムスメは自分を想っていた。ひょっとしたらそれは、ロティも夢見た結末なのかもしれない。

『お菊さん』は、「日本式結婚」のリアルな体験談であると同時に、オペラ《蝶々夫人》のスタートラインである。オペラの直接の原作となったロングの小説やベラスコの戯曲『蝶々夫人』だけ読んでも、オペラの本当の背景はわからない。『お菊さん』は、オペラ《蝶々夫人》に関心を持つ人間の必読書である。

ピエール・ロティ（右）、彼の友人ピエール・ル・コル、お兼

東方趣味（オリエンタリズム）からジャポニスムへ

異国趣味は、文化芸術にとって大きな要素である。とりわけヨーロッパでは、「東

方世界」への憧れ（＝オリエンタリズム）が盛んだった。モーツァルトの《トルコ行進曲》や、トルコのハーレムを舞台にしたオペラ《後宮からの逃走》、アングルの大作「トルコ風呂」や、「ハーレムの女」を意味する「オダリスク」はトルコ趣味の典型例だし、ヨーロッパの多くの宮殿に見られる「中国風」の絵画や置物、陶磁器などは、一八世紀から盛んになった「シノワズリ＝中国趣味」の表れである。「ジャポニスム」はその流れの中で、一九世紀後半に現れた。日本登場のタイミングが遅れたのは、日本が二五〇年にわたって鎖国していたからだ。一三世紀に綴られたマルコ・ポーロの『東方見聞録』や、宣教師たちのわずかな報告でしか知られていなかった幻の国・日本が、一八五四年の「開国」によってようやくヴェールを脱ぎ、多くの情報や文物が押し寄せてきたのである。

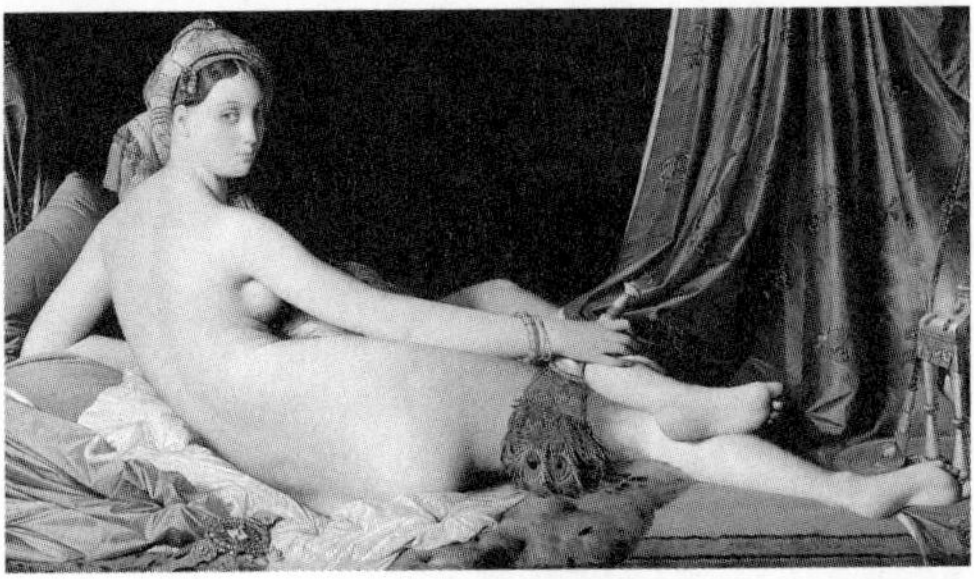
ドミニク・アングル「グランド・オダリスク」（1814年、ルーヴル美術館蔵）

ちなみに「ジャポニスム」という名称を初めて使ったのは、フランス人批評家のフィリップ・ピュルティ。一八七二年のことだった。

開国後、日本とヨーロッパ諸国の間には通商条約が結ばれ、日本の産業製品が入ってくるようになったが、「ジャポニスム」に火をつけたのは「万国博覧会」である。万国博覧会と言えば聞こえはいいが、各国の特産品の展示に加えて植民地の産物なども展示する、いわば力の誇示の場でもあった。

記念すべき第一回の「万博」は、一八五一年のロンドン万博である。日本の物品が初めて展示されたのはその一一年後、一八六二年のロンドン万博でのことだった。ただこの時は、駐日イギリス公使だったオールコックの私的なコレクションが展示されただけだったので、国としての正式な「参加」とは言えない。とはいえ展示物は、浮世絵をはじめとする美術品から陶磁器や漆器などの生活雑貨に及び、九〇〇点近くが展示されて大きな反響を呼んだ（ただその大半は、日本人から見れば「ガラクタ」だったようだが……）。また同じ年には日本の使節団（文久遣欧使節）がヨーロッパを訪れ、ほんものの「サムライ」が話題となった。

日本が国（徳川幕府）として初めて万博に参加したのは、一八六七年のパリ万博である。幕府は使節団も送り込み、また美術工芸品の輸出も目論んで、幅広い種類の品々が展示された。だが一番人気となったのは、日本館に設営されたお茶屋だった。そこではほんものの柳橋芸者がお茶やみりん酒をサービスし、「ゲイシャ」が「日本女性」のイメージとして浸透するきっかけを作ったのである。オペラ《カルメン》の原作となった小説を書いた作家メリメや、日本美術も研究した文人ゴンクールもこのお茶屋を繰り返し訪れたという。

ただし彼女たちは肝心の「芸」は披露しなかった。そのため、これ以後「芸者」と「遊女」

が混同される一因となったのである。

この時の展示によって日本の文物への興味が高まり、美術商や銀行家が日本を訪れて品物を仕入れるようになった。また、パリっ子の一大娯楽となっていた劇場で、「日本」という主題が取り上げられるようになる。

一八八五年から八七年にかけては、ロンドンの繁華街であるナイツブリッジに、日本のテーマパークである「日本人村」が設営され、物品の展示とともに相撲や軽業の実演、茶屋娘や芸者による接待、彼らの日常生活の営みそのものも見世物にされて、日本ブームはますます高まった。日本の音楽への興味も生まれ、一九〇〇年には、プッチーニもオペラ《蝶々夫人》を書く時に参考にした日本の旋律集『ラ・ムジーク・ジャポネーゼ』が刊行されている。

ジャポニスムとジャポネズリ

「ジャポニスム」が本質的な影響力を持ったのは、美術の分野である。北斎に代表される木版による浮世絵をはじめとする日本美術は、ヨーロッパ美術に決定的な影響を与えた。決まりごとが多かったヨーロッパ絵画の世界に、浮世絵の大胆な構図、非対称性、あざやかな色彩、表現力のあるくっきりした線、自然へのまなざし、民衆的な題材といった要素は新鮮で、ゴッホ、モネ、ロートレックら多くの画家を魅了し、彼らの画風を変えた。絵画の次には扇子やうちわに代表される工芸品や生活雑貨がなだれ込み、一般市民の生活にも浸透する。日本政府も、美術品や工芸品、日用雑貨を重要な輸出品と考えた。「ジャポニスム」という言葉が生まれた一八七二年には、一年間に七九万本の扇子、八九万本のうちわが輸出されたという（扇子やうちわがモティフになっているモネの「ラ・ジャポネーズ」はその数年後に描かれている）。このような日常的なジャポニスムの影響は、アール・ヌーヴォーなど、新しい生活美術のスタイルへとつながった。

音楽の分野にも、「ジャポニスム」はあったのだろうか。

日本の音楽は美術より少し遅れて一八九〇年代以降に注目されるようになり、いくつか曲集が出版されたりするが、浮世絵と異なり、それがヨーロッパ音楽に本質的な影響を与えることはなかった。ドビュッシーの名作《海》の初演版のスコアの表紙に、北斎の「富嶽三十六景神奈川沖浪裏」が使われたことは有名だが、ドビュッシーが《海》という作品そのものに日本の音階などを使用しているわけではない。

ドビュッシー《海》の初演版のスコア表紙

多和田真太良氏によると、万博などで披露された見世物で演奏されたお囃子や下座音楽は、ヨーロッパ人には不評だった。「おぞましい騒音」という感想もあったという。日本の見世物に、日本の音楽ではなく現地の楽団を雇ってヨーロッパの流行りの音楽を演奏させたこともあった。

音楽の分野における日本的な要素は、「日本」をテーマにした舞台作品や、日本的なタイトルがついたピアノ曲や歌曲のような標題作品にとどまった。日本の旋律を取り入れた作品もあるが、邦楽のシステム自体がヨーロッパ音楽に採用されたわけではない。「日本」はあくまでモティフであり、そのような意味で、音楽における日本の影響は「ジャポニスム」以前の「ジャポネズリ」にとどまったと言える。

とりわけ、日本を舞台にした劇場作品は人気があったが、当然ながらその視線はいびつなものだった。ヨーロッパ人が見たがったのは、ありのままの日本ではなく、幻想の日本だった。それは美しくもあり、醜くもあった。前者は思い描く美しい風景や舞台装置、幻想的な物語、そして日本の「ムスメ」「ゲイシャ」であり、後者はお辞儀や愛想笑いといった、日本人独特のヨーロッパ人には理解できない振る舞いであり、小さく滑稽な日本人の姿形、人種そのものであった。そこに見え隠れするのは、人種的な、そして性的な差別である。

オペラになったジャポニスム

日本ブームを背景にしたジャポニスム・オペラは、ではいつ生まれ、どのような経緯をたどったのか。

最初に日本を舞台にした音楽劇が上演されたのは、ジャポニスムの震源地となったパリだった。一八七一年には、日本学者のレオン・ド・ロニーが台本を書いた『青龍寺』という戯曲が上演されているが、この中には、当時日本で流行していた「九州第一の梅」という漢詩が詩吟の旋律つきで取り入れられており、その部分はおそらく歌われたと考えられている。

翌一八七二年には、《黄色い王女》というオペラ・コミック（ミュージカルのように台詞で進行する音楽劇）が初演された。現在この作品が、ジャポニスム・オペラの第一作とされている。作曲はカミーユ・サン＝サーンス、台本はルイ・ガレ。壁にかけた浮世絵に描かれた日本娘に恋してしまった日本学者が、幻想から覚め、婚約者への愛に気づくという物語だ。これはサン＝サーンスのオペラ第一作だったが、今では上演されることはまずない。

読んでおわかりの通り、西洋人が日本人女性に恋心を抱くが、最後は自国の女性と一緒になるという筋書きは、《蝶々夫人》と共通する。つまり、スタートラインから基本のパターンだったのである。ただ、作中に、『万葉集』の一節を崩したものが転用されている（宮崎克己）という指摘は興味深い。

ジャポニスム・オペラの初めてのヒット作は、ルコックが曲をつけた《コジキ》というオペラ・コミックである（一八七六年初演）。「コジキ」は主人公である皇子の名前だが、出どころはあの『古事記』らしい。実はこの皇子は女性であり、皇統でもないのだが、最後はそれが明かされて、本当のミカドの皇子フィッツの妃となる。

物語は荒唐無稽だが、鳥居や提灯をはじめ、中国風の調度、奇妙な衣装などがこれでもかと詰め込まれた華やかな舞台は大好評で、パリには《コジキ》にちなんだモードがあふれたという。人々は本当の日本を知るというより、舞台と効果と衣装に惹かれたのである。

このような風潮に憤慨《ふんがい》した日本人がいた。明治政府初の留学生のひとりで、パリ万博の事務官を務めていた前田正名《まさな》である。ヨーロッパ人が日本を野蛮だと蔑視していることや、独りよがりの「日本」の濫費に心を痛めていた彼は、「日本美談」を紹介しようと思い立ち、『忠臣蔵』に基づいた『ヤマト』という劇をフランス語で書き下ろし、「ゲエテ座」で上演した。フランス語の台本は残っていないが、当時の劇評、そして前田が日本語で刊行した台本——タイトルは『日本美談』と変えられた——は残っている。

『ヤマト』は、母への愛（義理人情）と仇討ち（忠義）の間で苦悩する物語である。歌舞伎にもよくある、儒教思想に基づいたテーマだ。しかしこれはパリの観客にはまったく受けなかった。「奇妙」「風変わり」「独特な悲劇」……人々は、これが「本物の日本の劇」であることは理解したものの、それは彼らの望んでいる、彼らが見たい日本ではなかった。この劇の内容は、彼らにとって理解不能だったのである。

結局、「ヨーロッパ人が見たい日本」と、「本当の日本」の落差は埋まらなかった。一八九〇年代には「ハラキリ」が浸透する。本来の切腹は高貴な人間にだけ許される名誉な死なのだが、それは理解されず、グロテスクな見世物として消費された。やがて日本は日清、日露戦争で勝利し、遠い幻想の国から警戒すべきアジアの国になってゆくが、舞台ではエキゾティックな異国でありつづけた。そして自己主張せず献身的で男のわがままを受け入れる、封建的な男性社会にとって理想的な日本女性のイメージも、再生産されていった。

一九〇〇年にパリを訪れた川上音二《おとじ》郎《ろう》一座も、日本人でありながらヨーロッパ人の好みに合わせた劇を上演した。タイトルは『芸者と武士』。歌舞伎の『道成寺』などに題材をとった作品である。だが第一の目的は、芸者上がりで、ヨーロッパで初の日本人女優として有名になった音二郎の妻、貞奴《さだやっこ》を見せることだった。だから芸者の踊りのシーンもあれば、ヨーロッパ人の好みに応じて（興行師の要請で）切腹のシーンも取り入れられた。「芸者」の人気、それも遊女との境界線が曖昧なそれの人気は、不動だったのである。

川上貞奴（ベルリンにて撮影）

《蝶々夫人》以前で大ヒットを記録したジャポニスム・オペラは、パリではなくロンドンで生まれた。ウィリアム・ギルバートが台本を書き、アーサー・S・サリヴァンが曲をつけた《ミカド》（一八八五年初演）である。この作品はロンドンのサヴォイ・オペラで初演されたが、時あたかもナイツブリッジの日本人村が人気を博しており、サリヴァンとギルバートは日本人村に何度も足を運んでせっせと情報を集めた。しかし物語は荒唐無稽で、日本的な要素と言えば「ティティプー」「ミカド」といった日本語の濫用と、書記官として日本に滞在した人物から教わったという日本の流行歌（軍歌）である〈宮さん宮さん〉（別名〈トコトンヤレ節〉）が取り入れられていることくらいである。ちなみに本作は、日本の首都を舞台としているが、オペラの前年に起こった秩父での一揆の噂がヨーロッパで知られていたことと関係があるようだ。また日本の最高権力者である「ミカド」は死刑を好む残忍な人物だが、前出の多和田氏によれば、そのモデルはルネサンス時代の残酷な絶対君主で、自分の妃を離縁したり処刑したりしたことで有名なヘンリー八世だという。

ヒットの理由は、舞台を埋めつくした着物と日本の工芸品、そして日本人の振る舞いといった「ジャポニスム」と、軽快でノリのいいサリヴァンの音楽の力だったが、この作品の目的自体は、イギリスの過去や同時代への風刺にあったのである。

パリで上演された日本もので大ヒットとなったのは、ジョーンズ作曲の《ゲイシャ》（一八九六年初演）である。これはロンドンで上演された作品をフランス語に訳したもので、長崎に寄港した士官たちが芸者と恋愛し、最後は自国の恋人と結ばれるお決まりのパターンだ。人気の原因は芸者の魅力であり、茶屋の描写だった。そして日本の「お座敷ソング」のひとつである〈チョンキナ節〉が取り入れられた。

《お菊さん》もオペラ・コミックになっている（メサジェ作曲、一八九三年初演）。お菊さんはここでは「ゲイシャ」であり、主人公のピエールと恋愛する。二人は現地婚という形で同棲するが、すれ違いが続き、ピエールの心が離れていく。だが最終的にピエールは、日本を離れる船の中でお菊さんからの手紙を読み、彼女が本当に彼を愛していたことを知る。

一読してわかるように、原作よりよほど真っ当なメロドラマになっており、観客が共感しやすくなっている。やはり舞台にあげる上で、現地婚などの習俗はふさわしくないし、物語も変えることが必要だった。この作品は初めて海外で有名になった日本人プリマドンナで、蝶々さんを得意とした三浦環《たまき》も歌っている。また、踊りの伴奏として〈さくらさくら〉が導入された。

イタリアでも「日本」オペラは上演されたが、その大半はフランス、イギリス作品の翻訳だった。イタリア人による初めての日本オペラは、マスカーニの《イリス》（一八九八年初演）。

三浦環

純粋な娘イリス（「あやめ」の意）は、女衒《ぜげん》のキョートに騙され、遊郭に連れて行かれる。遊び人のオーサカは彼女に惹かれ、ものにしようとするが、イリスは受け入れない。イリスの父チェーコは彼女がゲイシャになったことに怒って娘を呪い、イリスは悲しみのあまり身を投げ、死体はあやめの花に包まれる。日本の音楽は使われていないが、劇中でオーサカに迫られたイリスが歌う〈蛸のアリア〉と呼ばれるアリアは、北斎の「蛸と海女」にヒントを得たとされる。純情なヒロインの死という展開は《蝶々夫人》にも共通するが、これは「日本もの」の特徴ではまったくなく、イタリア・オペラの伝統だ。また物語は多分に非現実的で、神話的でもあり、象徴主義の影響が指摘されている。

このような流れの最後、二〇世紀に入った頃に、ジャポニスム・オペラの真打ちとして《蝶々夫人》が登場するのである。

オペラ《蝶々夫人》への道――ジョン・ルーサー・ロングとデヴィッド・ベラスコの『蝶々夫人』

オペラ《蝶々夫人》の原作となったのは、アメリカ人作家、ジョン・ルーサー・ロングの小説『蝶々夫人』である。ロングは弁護士で、本業のかたわら文筆を手がけ、「日本もの」もいくつか著した。その中で最大のヒットとなったのが、一八九八年に雑誌に発表され、一九〇二年に出版されてベストセラーとなった『蝶々夫人』である。

『蝶々夫人』がベストセラーになった背景には、アメリカにおけるジャポニスム（英語ではジャポニズム）の流行がある。アメリカでは、「日本もの」は特に小説や舞台で人気があった。そして小説の場合、献身的な愛を捧げる日本女性という、『お菊さん』を発展させたヴァージョンが広まるようになっていた。ロングの『蝶々夫人』はその典型である。

ロング自身は日本を訪れたことはないが、姉のサラはメソジスト派の宣教師、アーヴィン・

コレルと結婚し、夫に従って日本に行き、一八九二年から九七年にかけて長崎に暮らしていた。サラは宣教師夫人として、外国軍人が「現地妻」をもらう習俗を好ましく思っていなかった。特に、「現地婚」の結果大勢の私生児が生まれていたことやその処遇に、頭を痛めていたという。

一説によれば、ロングはこの姉から「蝶」という名前の娘が外国人の船乗りと恋愛し、子供をもうけたが棄てられてしまった話を聞いたという。だがモデルは不明だし、真偽はわからない。また、「刃物で自殺した」女性の話は知られていなかったという。

特筆しなければならないのは、ロングの小説も『お菊さん』にヒントを得ているということである。ロングはタイトルの「蝶々夫人」を、わざわざフランス綴りの Madame にしているが、これは「『お菊さん』の模倣」（小川さくえ）である。しかしヒロインは現実的なお菊さんから、想像の中の蝶々さんへと変貌した。

彼が創り出した物語のあらましは以下である。

長崎に赴任したアメリカ海軍士官ピンカートンは、仲人のゴローを介して、自決した武家の娘で踊り子をしていた蝶々さんと九九九年の契約で「結婚」し、家を構える。だがピンカートンは結婚式に押しかけた蝶々さんの親戚を嫌い、彼らを遠ざけ、蝶々さんを自分好みに教育し、教会に通わせる。

やがてピンカートンは「コマドリが巣を作る頃に帰る」と言い残して帰国。彼の子供を授かった蝶々さんは、女中のスズキともどもピンカートンの帰りを待つ。ゴローはヤマドリ侯爵との新しい縁談を持ち込むが、蝶々さんはつれない。アメリカ領事館を訪れた蝶々さんは、領事のシャープレスからピンカートンの乗る船が長崎に向かっていることを聞き出して有頂天になる。間もなくその船が入港し、蝶々さん一家は彼の訪れを待つが、ピンカートンが来ることはなく、やがて船は港を出て行ってしまった。

再び領事館を訪れた蝶々さんは、ピンカートンからの手切れ金をシャープレスから渡される。そこへピンカートンの妻アデレイドが現れ、夫が日本人妻に産ませた子供と会ってきたが可愛いから引き取りたいと、夫に電報を打つ。すべてを悟った蝶々さんは手切れ金を返し、家に戻って自害を試みるが、スズキに発見されて一命を取り止める。アデレイドが蝶々さんの家を訪れた時、そこはもぬけの空になっていた……。

オペラの原型は、かなり明らかになっている。一途でひたむきで、「恥ずべき生より名誉の死」を選ぼうとする誇り高い蝶々さん——しかもその方法は、アメリカでも知られはじめた「ハラキリ」を連想させる——、利己的で、蝶々さんを自分の思うままに「教育」して棄てるピンカートン、蝶々さんの子供を引き取ろうとするピンカートンの妻……。オペラと大きく違うのは、蝶々さんのキリスト教への興味がピンカートンの指図によること、アデレイドが蝶々さんを「お人形さん」と呼び、見下すような態度をとること、自害が未遂に終わる結末などだ。

特筆すべきは、シャープレスという人物が創造され、ピンカートンに批判的な視線を投げていることである。『お菊さん』の「わたし」とは違い、ピンカートンはここでは明らかに悪役だ。

一説によると、子供を引き取ろうとするアデレイドの行動には、キリスト教的な考えが投影されている。当時のアメリカのキリスト教徒の間では、異教徒である母親に子供を委ねるよりキリスト教徒に同化させるほうが子供のためになるという考えが主流だったという。オペラ《蝶々夫人》のヒロインにとっての最大の悲劇は、ピンカートンに棄てられること以上に子供を奪われることにあると思うが、その背景にあるのはキリスト教的な使命感なのである。

『蝶々夫人』は一九〇〇年、デヴィッド・ベラスコによって戯曲化され、ブロードウェイのヘラルド・スクエア劇場で初演された。ベラスコの作品は、蝶々さんの最後の二日間だけを扱っている。ドラマは蝶々さんが帰らない夫を待つ場面から始まり、シャープレスの訪問、アデレイドとの対決シーンなどを経て、最後は蝶々さんは自害して果てる。

特筆すべきは、いっそうの「ジャポニスム」色である。ロングの小説では蝶々さんは助かった可能性があるが、ここでは蝶々さんは立派に自害を成し遂げる。またベラスコは、ロングの小説にはなかった「芸者」という設定（芸者が「遊女」に近いという思い込みも含めて）や、父が「サムライ」で「ハラキリ」を遂げたこと、その形見の短刀、小道具としての「桜」など、欧米人が「日本」を連想する多くの要素を取り入れた（原作ではピンカートンの帰港は九月であり「桜」の入る余地はない）。ちょうど、ベラスコの戯曲の直前には、新渡戸稲造の『武士道』がアメリカで刊行され、「桜」を愛でる日本人の特性も紹介されていた。このような日本的要素の強調は、プッチーニのオペラにも受け継がれている。またベラスコは当然、ロティの『お菊さん』も参照した。

一方、ベラスコ作品とオペラの重要な相違点のひとつは、ベラスコの戯曲に「ピンカートンが三ヶ月くらい妻になってくれる女性を探していた」という蝶々さんの台詞があることだろう。蝶々さんは、自分が現地妻だと理解していたのである。しかしこの手の台詞はオペラでは削られ、蝶々さんの無垢さが際立つことになった。

ベラスコの戯曲は大成功を収め、同じ年のうちにロンドンでも上演された。《トスカ》のイギリス初演のためにロンドンを訪れていたプッチーニはこの上演を観て、英語がわからないにもかかわらず涙を流して感動し、楽屋にベラスコを訪れてオペラ化を申し出たという。

こうしてプッチーニは「蝶々さん」と出会った。

ジャポニスム・オペラの極致

《蝶々夫人》は、それまでのジャポニスム・オペラとは一線を画する傑作である。物語にリアリティがあり、音楽が美しく甘く巧みで、ヒットメロディ（有名アリア〈ある晴れた日に〉）があり、日本の音楽や、他の作品ではまず使われない「釣り鐘」のような日本情緒を表す楽器がうまく取り入れられているからだ（ちなみに「日本の鐘」の音の描写は、『お菊さん』に登場する）。

ただ日本の音楽と言っても、日本の音階を採用したというような本質的なものではなく、

〈さくらさくら〉〈君が代〉〈お江戸日本橋〉といった、当時よく知られていた日本の旋律を巧みに取り入れているにとどまっている。ワーグナーに心酔していたプッチーニは、日本の旋律を特定の雰囲気や感情などを暗示するいわゆる「ライトモティフ」のように使った。プッチーニはこのような日本の旋律をヨーロッパで出版された日本の旋律集や録音から収集したが、それらの楽譜やレコード、日本についての情報を提供した人物として、一八九九年から一九〇六年まで在イタリア特命全権公使を務めた大山綱介の妻、大山久子の存在が知られている。

それ以外にもプッチーニは、川上音二郎一座がミラノで公演を行った時に『芸者と武士』を観て結末の切腹のシーンに衝撃を受けたり、貞奴に会ったりして、訪れたことのない日本や日本人女性へのイメージを膨らませていった。《ミカド》や《イリス》といった先行作品を研究したことは、言うまでもない。このような徹底した取り組みは、これまでのジャポニスム・オペラの作曲家たちには見られないものである。

イタリア滞在中の大山久子

一方で物語については、ロングやベラスコを下敷きにしつつ、かなり改変を行っている。オペラ《蝶々夫人》は、第一幕が結婚式と愛の場面、第二幕以

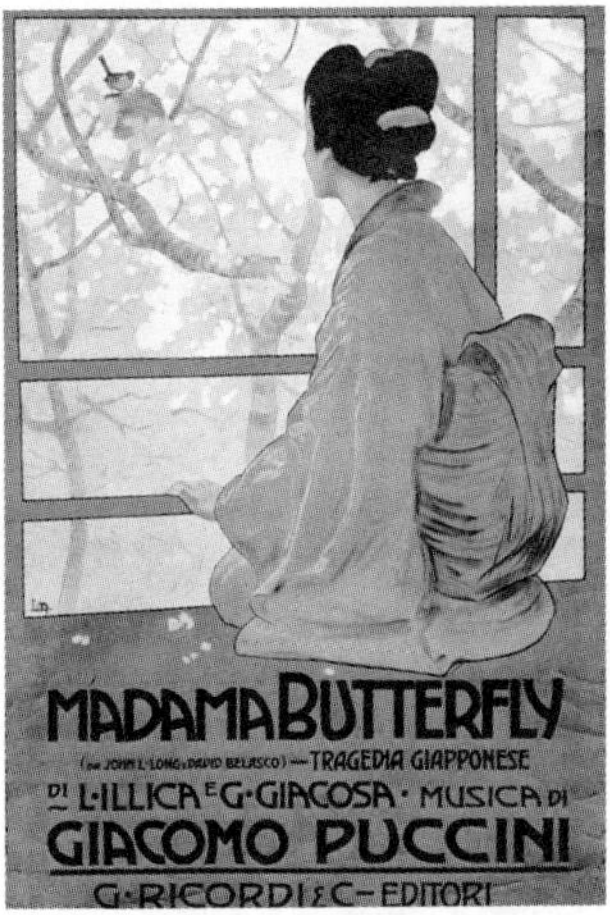

《蝶々夫人》のポスター

降は棄てられた蝶々さんの物語という構成になっているが、ベラスコの戯曲は前に述べたように第二幕以降の出来事であり、ロングの小説にも結婚式の場面などは出てこない。紙でできた軽い家、日本人の奇妙な習俗などの描写は、繰り返しだがロティの『お菊さん』の影響なのである。

台本作者のひとりルイージ・イッリカは、ベラスコの戯曲が発表される前から、『お菊さん』やロングの小説にヒントを得て、《蝶々夫人》の台本を作成していた。プッチーニ自身、「第一幕はあなたの書いたもので、第二幕はベラスコのもので」と、イッリカの台本を認めている。イッリカは、イタリア初のジャポニスム・オペラである《イリス》の台本作者でもあった。

オペラで強調されているのは、蝶々さんがより一途で無垢であること、そして何より、自ら進んで改宗する——決してピンカートンに強いられたわけではない——というキリスト教的な側面である。蝶々さんが「改宗」するのは、プッチーニのオペラだけだ。ロングでもベラスコでも、蝶々さんはキリスト教に興味は持っても改宗はしていない。

改宗によって蝶々さんは、欧米人にぐっと身近な存在になった。娼婦のような女性が改宗するというモティフは、実はカトリック社会のイタリアで人気の聖人、マグダラのマリアに通じる。それどころか、イエス・キリストとも重なるのだ。

「蝶々さんは、無垢な存在が一方的に人を愛し、それゆえに受難するという、イエス・キリストの受難物語とイメージの重なり合う受難物語の主人公になったのである」（鳥越輝昭）。

鳥越氏は、蝶々を「針で留める」（蝶々さんの台詞）にも、磔《はりつけ》になるイエス・キリストのイメージをダブらせている。

しかし、このような「キリスト教徒」を、典型的な「日本人女性」だと定義できるだろうか。

小川さくえ氏は、貞節な妻、よき母である蝶々さんのような女性は、近代ヨーロッパ社会の価値観に基づく「一九世紀ヨーロッパの市民社会の理想の女性」、家庭を守り、良き母である理想の女性像「炉端の天使」と同じだと主張する。一九世紀のキリスト教的価値観をバックにした「女性の自己犠牲」はプッチーニだけでなく、ワーグナーにしろヴェルディにしろ一九世紀のオペラのヒロインの典型である。ジャポニスムという

《蝶々夫人》初演時に蝶々夫人を演じたロジーナ・ストルキオ

彩色を施されながらも、《蝶々夫人》はあくまでイタリア・オペラなのだ。

「この愛らしく従順な子供のような女性は、西洋人による日本女性の究極のステレオタイプだった」（レズリー・ダウナー）

さらにオペラでは、この舞台芸術ならではの非現実性――つまり異国の相手と恋愛しても言葉の問題は生じないこと――で、「言葉の壁」が乗り越えられている。『お菊さん』の「わたし」は、言葉が通じない人形のような「ムスメ」に失望するし、ロングやベラスコの作品における蝶々さんは、滑稽な、あるいは片言の英語を話す。だがオペラという芸術形式では、イタリア人が作曲すれば、エジプト人もイギリス人もトルコ人もエチオピア人も日本人も皆イタリア語を話すのだ。なんと都合のいい芸術だろう。

一九〇四年二月一七日にミラノのスカラ座で行われた《蝶々夫人》の初演は、オペラ史に残る大失敗に終わった。プッチーニに敵対する勢力が上演中に妨害したことや、上演時間が長すぎたことが原因だったという。作品に自信を持っていたプッチーニは上演を一回で打ち切り、関係者の助言も容れて作品に手を入れ、初演からおよそ三ヶ月後にブレーシアという街の劇場で再演し、大成功を勝ち取った。その後、一九〇六年の一二月にパリで初演された時にさらに手を入れ、現在ではこのパリ版がスタンダードな版として上演されている。

プッチーニの改訂の過程は大変興味深い。改訂のたびに、日本や日本人に対する蔑視的な部分が削られ、蝶々さんはより健気で誇り高い、共感できるキャラクターへと変貌しているのである。ジャポニスム・オペラという側面が薄まり、ヒロインの心理劇という面が際立ってゆくのだ。

例えば、初演版とブレーシア版には、蝶々さんの「叔父」として、現行版にある結婚式に闖《ちん》入《にゅう》する僧侶の「ボンゾ」のほかに、「海のように飲む」飲んだくれのヤクシデがいたり、お菓子をねだる親戚の子供がいたりする。またピンカートンは冒頭で、スズキを先頭に三人の召使が現れると、おかしな名前だと呆れ、彼らを「顔一、顔二、顔三」と呼び直す。そして結婚式の宴会の席では、その三人を呼びつけて「ハエやクモの砂糖漬け」、「蜂の巣」など、「吐き気を催すような日本の珍味を持ってこい」と命じるのである。また結婚式の場面では、お辞儀を繰り返す一同にピンカートンがうんざりするシーンもある。ピエール・ロティのように。

蝶々さんも、初演版やブレーシア版ではもっと自己を主張する。良い例が、ピンカートンの妻ケイトとの遭遇場面だ。現行版ではケイトと蝶々さんはほとんど言葉を交わさず、彼女が誰かの説明や、子供の引き渡しについてのやりとりは、シャープレスやスズキが肩代わりしてくれる。蝶々さんはケイトに「あなたは世界で一番お幸せな方」だと挨拶するだけだ。そして妻は「夫に従わなければならない」から、ピンカートンが望むならと子供を渡す決意をし、シャープレスに「寛容な心」を讃えられる。

だがブレーシア版までの蝶々さんは、自分からケイトに尋ねる。「結婚して、どのくらいですか?」と。答えは「一年」。蝶々さんは二人の結婚後、何も知らずに一年待っていたわけだ。さらに蝶々さんは、子供を渡す渡さないのやりとりを、ケイトと直接繰り広げる。蝶々さんは、現行版よりずっと「口数が多い」のである。

この場面の後には、シャープレスがピンカートンからの慰謝料を蝶々さんに渡すシーンもあり(蝶々さんは受け取らないが)、彼女がどう見られているかがわかる。このようなところが、現行版では削られているのだ。

さらにブレーシア版までは、蝶々さんにはなんとピンカートンに出会う前に恋人がいたことになっている。第一幕の最後を飾る、初夜の愛の二重唱の最中に、蝶々さんは口走る。かつて結婚を考えたことがあったと。その最中に、「仲人があなたとの話を持ってきた」。だが、アメリカ人は「野蛮人で、スズメバチのようだと思って見向きもしなかった」。それがピンカートンを一目見て、「好きになってしまった」のである。

現行版には、こんな台詞はもちろん出てこない。蝶々さんにとってピンカートンは、初めて出会った「男性」でなければならないのだから。

ピンカートンも、版が変わるたびに少しずつましな?人間になっている。彼が蝶々さんの愛情を知って後悔するアリア〈さようなら、愛の家よ〉は、初演版にはなかった。さらに現行版では、「吐き気がする珍味」のような無礼千万な台詞はほぼ削られた。それはパリの興行者であるアルベール・カレの助言を容れてのことだったらしい。ジャポニスム発祥の地パリでは、日本に対する理解はイタリアよりは深かったのだろう。

日本に対する見方は別にして、プッチーニは版を変えるたびに、蝶々さんを「自分好み」にしていった。より慎ましく、より男性に従順で、自己主張せず、受け身ではかない存在。前に挙げた《ラ・ボエーム》の貧しいお針子ミミや、《トゥーランドット》で愛する王子のために命を投げ出す女奴隷リューと同じような。彼女たちは、多くの男性にとって永遠のマドンナだ。

プッチーニがこの手の女性を熱心に描いた背景には、彼が嫉妬深く強い性格の妻に悩まされており、一方でアヴァンチュールに熱心だったという私的な事情もあったらしい。《蝶々夫人》を作曲していた頃、彼はコリンナという女学生の恋人とうまく手を切ることに失敗し、周囲を煩わせている。そんな事情があったから余計、現実には存在しない究極の自分好みの女性を作品の中で創造したのかもしれない。

前に述べたように、プッチーニが描いた「日本」も、現実には存在しない幻想の国である。《蝶々夫人》には、「ゲイシャ」も「ハラキリ」も「サクラ」も「サムライ」もある。外国人が日本に望んだものはすべて揃っているのだ。プッチーニはそんな夢の国日本に、自分が望む究極の、夢の女性を置いた。

ところで、《蝶々夫人》が特に海外で上演される場合、時代考証が行き届かず、日本人として憤慨したという声を聞くことがある。着物や大道具の類が中国風だったという手の話だが、そうなると日本人の手で演出するしかなくなり、やや間口が狭くなるように思う。個人的には、もともとが幻想なのだから、それほど細部にこだわらなくてもいいのではないかという気がしないでもない。

一方で昨今では、時代や設定を置き換えるいわゆる「読み替え」演出もあり、舞台が現代の娼館に変わっていたりもする。また悲しすぎる結末を受け入れやすくするためか、ピンカートンは実は蝶々さんをずっと愛しており、あの世で結ばれるといったハッピーエンドに近い形の演出もある（宮本亜門など）。ただ幕切れの音楽の厳しさを考えると、ハッピーエンドの余地はないと筆者などは思うのだけれど（音楽を脇に置いて演出してもいいというなら別だが）。

筆者がもっとも抵抗なく見られるのは、ロバート・ウィルソンが演出したプロダクション（パリ・オペラ座、アムステルダム・オペラ劇場などの共同制作）である。舞台装置はきわめてシンプルで、照明がその場の雰囲気を作り出す。衣装もギリシャ神話劇のように簡素で、烏帽子風の被り物や振袖のような袖に日本風のテイストが見られるものの、「日本」であると断定できるような演出ではない。人物の動きも能楽のようにゆったりしており、いわば一種の様式美の世界だ。蝶々さんの自害のシーンも、蝶々さんが手を刀に見立てて自分の首を切る動作をすることで完結する。

このようなスタイルを徹底したことにより、ジャポニスムや洋の東西の落差、女性蔑視といった《蝶々夫人》にまつわる諸々が見えにくくなり、単に「男に棄てられる女」の物語が際立つことになった。この物語の本当の軸は、「日本」でも「差別」でもなく、そこにあるのだ。「男に棄てられる女」というモティフなら、ギリシャ神話のエネアスに棄てられるディードの物語をはじめ、神話の時代からおびただしい物語がある。そこにこそ、ジャポニスムという仮面の陰に隠れたこの物語の普遍性があるのではないだろうか。《ミカド》は、「日本」を見世物にした「ジャポニスム」ゆえにヒットしたが、《蝶々夫人》がヒットしているのは、ジャポニスム・オペラの枠を超えた普遍性ゆえではないだろうか。

これからの《蝶々夫人》のありかたを示唆した、説得力のある演出だった。

推薦ディスク

プッチーニ《蝶々夫人》

◆ワールト指揮、ウィルソン演出、ベーカー、トンプソン、スティウェルほか　ネザーランドオペラライブ　オーパスアルテ　二〇〇三

本文で触れたウィルソン演出のもの。筆者がこれまで見た中で一番納得がゆく《蝶々夫人》である。

◆シャイー指揮、ヘルマニス演出、シーリ、ヒーメル、アルヴァレスほか　ミラノ、スカラ座ライブ　デッカ　二〇一五

ほとんど上演されることのない初演版を、初演劇場であるスカラ座で上演した貴重な映像。ヘルマニスの演出は浮世絵を駆使したり蝶々さんの親戚を花魁《おいらん》姿にしたりと、ジャポニスムの香りに満ちている。

◆ヴェロネージ指揮、読売日本交響楽団、モンティ演出、デッシー、アルミリアート、ポンスほか　NHKホール・ライブ　コロムビア　二〇〇四

初演一〇〇周年と読売新聞創刊一三〇年を記念して日本で行われた、ブレーシア版による珍しい上演のライブ。

◆サマーズ指揮、ミンゲラ演出、ラセット、ジョルダーニ、クロフト、チフサックほか　メトロポリタンオペラライブ　ソニークラシカル　二〇〇九

映画監督として活躍した故アンソニー・ミンゲラの演出で、「日本」にこだわらず、東洋美を凝縮した美しいプロダクション。冒頭をはじめ随所に踊りが挿入されたり、蝶々さんの子供に文楽の人形を使うなど創意にあふれている。

サリヴァン《ミカド》

◆マクドナルド、ベグ、クーセンほか　グリーン指揮　レンショー演出　オーストラリア・オペラライブ　オーパスアルテ　一九八七

貴重な全曲映像。東洋趣味満載の舞台が楽しい。

第五章　時代の写し絵となったフランスの国民的ヒロイン

――ジャンヌ・ダルクとオペラ

パリのサクレクール寺院と、その前にあるジャンヌ・ダルク像

《ジョヴァンナ・ダルコ》

作曲　ジュゼッペ・ヴェルディ
台本　テミストークレ・ソレーラ
初演　一八四五年　ミラノ、スカラ座

あらすじ

百年戦争末期、一四二九年前後のフランス、ドンレミ村。人々が迫り来るイギリス軍に怯えている。降伏を覚悟した国王カルロ七世は、森の奥にある聖母マリア像を拝むようにと告げる夢に従い、森へと出かける。聖母像の前では、羊飼いジャコモの娘ジョヴァンナが祖国が救われるよう祈っていた。ジョヴァンナは祈りを捧げに来たカルロに会い、救国の使命に目覚める。彼女の耳に、愛によって堕落させようと企む悪魔の声と、祖国を助けよと導く天使の声が届く。

ジョヴァンナの参戦により戦況は一転した。娘が悪魔に魂を売り渡したと信じるジャコモは、ジョヴァンナは魔女だとイギリス軍に告発する。一方カルロはジョヴァンナに愛を告白し、ジョヴァンナも応えるが、それは悪魔の勝利を意味していた。カルロの戴冠式の日、ジャコモは一同の前で娘を告発し、ジョヴァンナはイギリス軍に渡される。獄中でも祖国のために祈る娘の姿に、忍び込んだジャコモは誤解を悔い、彼女の鎖を解く。戦場で奮戦したジョヴァンナは瀕死の重傷を負い、皆の前で聖母の名を呼びながら息絶える。

《オルレアンの少女》

作曲・台本　ピョートル・イリイチ・チャイコフスキー
初演　一八八一年　サンクトペテルブルク、マリインスキー劇場

あらすじ

百年戦争末期、イギリス軍の侵攻に怯えるドンレミ村。ジャンヌの父ティボーは、娘が許婚《いいなずけ》のライモンドと結婚することを望んでいるが、ジャンヌは自分は神に従う運命なのだと主張し、フランスを救うため戦場へ向かう。

国王シャルル七世は、現実を逃れて愛妾アグネサとの愛に溺れている。勝利を収めたジャンヌが現れ、神からフランスを救う使命を授かったと伝える。シャルルは軍を彼女に委ねる。

ランスの郊外でイギリス軍と戦うジャンヌは、イギリス軍と同盟を組むブルゴーニュ軍の騎士リオネルと対決するが、その美しさに惹かれてとどめを刺せない。リオネルはフランス軍に投降する。

ランスの大聖堂で国王の戴冠式が行われた。国王に従って大聖堂から現れたジャンヌを、父のティボーが魔女だと告発する。雷鳴が轟き、人々はティボーの言葉を信じてしまう。追放されて彷徨《さまよ》うジャンヌは、リオネルにめぐり合って愛を告白し合うが、天使の声が神に純潔を誓ったジャンヌの裏切りを責める。リオネルはイギリス軍に殺され、ジャンヌは捕らえられて魔

女として火刑になる。

《火刑台上のジャンヌ・ダルク》（オラトリオ）

作曲：アルチュール・オネゲル
台本：ポール・クローデル
初演：一九三八年　バーゼル、市立劇場

あらすじ

ジャンヌの火刑を翌日に控えた夜、修道士ドミニクが牢獄にジャンヌを訪ねる。ドミニクは天から遣わされた人物で、不当な裁判によって火刑の判決を受けたジャンヌに真実を伝えに来たのだ。ジャンヌの回想が始まる。彼女は時を遡る。人々の罵倒に怯えたこと、聖カトリーヌと聖マルグリートのお告げを受けて戦いに身を投じたこと、王をランスへ連れて行ったこと、お告げに従って教会で剣を手に入れたこと……。ドミニクはジャンヌがイギリスに引き渡されたことは何人もの王たちのトランプゲームの結果であり、裁判は野獣たちが仕切った偽のものだと告発する。ジャンヌは火刑台にしばりつけられ、炎に包まれるが、聖母が彼女を励まし、自ら鎖を断ち切ったジャンヌを天国に導く。

フランス史上もっとも有名な女性

「ジャンヌ・ダルク」（一四一二―三一）は、おそらく「フランス史上もっとも有名な女性」である（「もっとも有名な男性」は、おそらくナポレオンだろう）。

フランスは、ジャンヌ・ダルクだらけである。

パリのサクレクール寺院のファサード。ピラミッド広場。サン＝オーギュスタン教会前。気がつくと、ジャンヌがいる。

フランス史上の偉人を祀るパンテオンでは、ジャンヌの生涯は大壁画になっている。神の声を聞くジャンヌ、包囲されていたオルレアンを解放するジャンヌ、ランスの大聖堂でシャルル七世の戴冠式に付き従うジャンヌ、ルーアンの広場で火刑になるジャンヌ……。遺体が徹底的に焼かれ、灰のひとかけらまで

パリのパンテオン内部にある、ジャンヌの生涯を描いた壁画（ジュール＝ウジェーヌ・ルヌヴー画）

も「聖遺物」にならないようにセーヌ川に投げ込まれたジャンヌは、当然ながら遺体も遺品も残っていない。その代わり、パンテオンの一角は彼女に捧げられた。

ジャンヌが解放したオルレアンの街では、ジャンヌは文字通りヒロインだ。中央広場には馬に乗ったジャンヌの銅像が建ち、大聖堂の前にもモニュメントが並び、歩道や広場の石畳には旗を掲げる彼女をかたどった街のシンボルマークが点在する。

ジャンヌ・ダルクはそんなに有名なのだろうか？　日本人はひょっとしたらそう思うかもしれない。悲運の最期を遂げたフランス史上の女性なら、マリー・アントワネットのほうが有名なのでは？　そう思う人もいるかもしれない。だがジャンヌ・ダルクとマリー・アントワネットの歴史における重みはまるで違う。マリーはたまたま歴史の変わり目に居合わせたことで運命が激変したが、ジャンヌは自ら行動して歴史を変えた。マリーはフランス革命がなかったら王族のひとりとして平穏な生涯を送っただろうが、ジャンヌは農民の娘で（しばしば言われる「羊飼いの娘」というのは正しくない。ジャンヌは「羊飼いの娘」のように貧しくもなかったし、「羊飼いの娘」には妖術を使うイメージもあった）、平穏な生涯が送れた可能性を自ら断ち切った。日本におけるマリー人気はおそらく『ベルサイユのばら』の影響もあるが、ジャンヌは数百年にわたって語られてきた。ジャンヌを扱った本は一万冊近くを数え、屋外の銅像から教会の礼拝堂の小像に至るまで、フランス中に建てられたモニュメントはおよそ二万にのぼるという。日本でもジャンヌは伝記に始まり、マンガやゲームにまで再生されている。これから『ベルばら』並みの大ヒットが生まれる可能性も否定できない。

なぜ、人はジャンヌに惹かれるのだろうか。

たぶんそれは、フランス（ただし現在の「フランス」とはかなり違う。詳しくは後述）の危機を救いながら最後は処刑されるという劇的な生涯に加え、彼女の「人柄」が強い印象を与えるからではないだろうか。ジャンヌは純粋で、勇敢だった。ジャンヌはぶれなかった。彼女は「神の声」を聞いたと信じ、ひたむきにそれに従った。

一方で、ジャンヌが聞いた「声」が本当に「神の声」だったのかどうかは、生前から問題になってきた。その真偽を知るすべはない。けれど生前の彼女は、キリスト教徒として非の打ち所がないと賞賛されていた。彼女を聖女だと信じて奇跡を求める人がむらがっても、自分はそんな対象ではないと身を引いた。一度だけ、ほぼ死にかけて黒くなっていた赤子がジャンヌの腕の中で息を吹き返し、亡くなる前に終油の秘蹟を受けられたことがあったが、自分の力ではないと言いつづけた。

けれどジャンヌは、初めから「聖女」だったわけではない。敵方の勢力の裁判における判決だったとはいえ、「異端者」として処刑されたことは不名誉以外の何ものでもない。ジャンヌが死んでおよそ四半世紀後に、彼女の力でフランス国王として戴冠できたシャルル七世が彼女の「復権裁判」を提案し、ローマ教皇の許しを経て実行し、数々の証人を立てて、教会が正式に処刑裁判の結果は無効だという判決を出してようやく、ジャンヌの名誉は回復された。

だがその後も、ジャンヌの評価は長い間定まらなかった。悲運の聖女。そのイメージが定着したのは、ここ一五〇年ほどのことである。その背景には、フランス革命後のナショナリズムの高まりがあった。ジャンヌ像の変遷には、フランスの、そしてヨーロッパの歴史そのものが反映されていると言ってもいい。

だが、そのイメージ化の過程をたどる前に、まずはジャンヌの生涯をたどり直してみることにしよう。

「神の声」を聞いた少女

真夏の正午だった。一三歳の少女は庭にいた。突然光が満ち、右手にある教会のほうから「声」が聞こえた。声はこう言った。「行いを正せ。汝を助けよう」。少女は震え上がった。何が何やらわからなかったからだ。

だが「声」は毎日のように少女を訪れるようになった。「声」が訪れる時は必ず光が伴った。また「声」には威厳があったので、少女はそれを「神の声」だと信じるようになった。「声」の呼びかけは、いつもこう始まった。「乙女ジャンヌ、神の娘」。声は初めはこう命じた。「行いを正せ、教会に通え」。少女は素直に従った。また、神の思し召しにかなうなら純潔を守ると誓った。やがて「声」はこう言うようになった。「フランスへ行け」と。「オルレアンの包囲を解き」、そして「王太子を戴冠させろ」と。そんなことができるのだろうか？　少女はもちろん半信半疑だった。だがある日、少女は決心した。「声」の指示に従うことを。何しろ「声」は、彼女の行動を細かく指示していたのだ。ヴォークルールへ行け。そこで守備隊長のボードリクールに会え。彼がお前をシノンにいる王太子のもとへ連れて行ってくれる、と。

　少女は「おじさん」（実際は母のいとこだったという）の助けを借りてヴォークルールへ行き、ボードリクールに面会を求めた。一度ではうまくいかなかった。少女は二度、三度と面会を試みた。三度目に行動を起こした時、ボードリクールは「フランスへ行きたい」という彼女の申し出を受け入れてくれた。男装した少女——当時は「ジャンヌ」ではなく「乙女＝ラ・ピュセル」と呼ばれた——は、六人の騎士や従者らと連れ立って、王太子シャルルのいるシノンへと向かう。シノンの城に案内されたジャンヌは「声」のお告げによって、王太子をすぐ見分けることができた……。

生家の隣にあるジャンヌが神の声を聞いた教会

　このようないきさつは、すべて裁判でジャンヌ本人が語ったことである。ジャンヌは断言した。「自分の行いは、すべて神の命令によるもの」だと。彼女は信じていた。自分が罪を犯していたら、「声」は訪れて

生地ドンレミにあるジャンヌの生家

くれないだろうと。

ジャンヌ・ダルクが生まれた村はドンレミと言う。当時はうっそうとした森に覆われていたらしいが、今は森は切り取られ、沃野が広がっている。ジャンヌの生家は一部だけ残り、隣には彼女が通った教会が建っている。教会は聖マルグリートを祀っていた。ジャンヌは裁判で、自分が聞いた「声」は、聖マルグリート、聖カトリーヌ、そして大天使ミカエルだと言っているが、聖マルグリートはこの教会で幼い頃から親しんだ聖女だったし、聖カトリーヌはドンレミ近郊の守護聖人だった。聖人たちは、当時の人々の暮らしの身近にあった。日本にも、かつてそういう時代があった。人々はもののけや動物と親しく交わっていた。聖人やもののけがそばにいる、という感覚は今よりずっとなまなましかったのではないだろうか。

当然ながら、ジャンヌは初めから王太子とその宮廷にスムーズに受け入れられたわけではなかった。周囲はジャンヌの言葉を疑い、聖職者たちによる検分を受けさせるよう勧めた。ジャンヌは大勢の神学者がいたポワティエに送られ、聖職者たちの手で「審問」を受ける。その結果彼女の中には「悪いもの、カトリック信仰に背くものはまったくない」と判断された。また神に仕える女性は純潔であることが絶対条件だが、ジャンヌは「処女」であることも確認された。ジャンヌは教会のお墨付きを得たのだ。後にイギリス軍の捕虜になったジャンヌは、自分が神学的に正統であることはポワティエで証明されているのだから、ポワティエの審問の記録を参照してほしいと繰り返し訴えている。

それから一年近く、ジャンヌは「神の声」に従って快進撃を続ける。神がジャンヌに与えた使命は、「オルレアンを解放し、王太子をランスに連れて行って戴冠させる」ことだった。パリから一三〇キロほど南西にあるオルレアンは、王太子シャルル七世と対立するイギリスとブルゴーニュの連合軍に前年一四二八年の一〇月から包囲され、じわじわと補給路を断たれて、危機的状況にさしかかっていたのだ。

ジャンヌは改めて王命を帯び、一四二九年四月二九日、援軍と食料を携えてオルレアンの街に入った。街の人々はジャンヌの噂を聞いており、白馬にまたがり、二人の天使が描かれた純白の旗を掲げて街に現れたジャンヌを歓呼の声で迎えたという。オルレアンの守備軍と合流したジャンヌは、五月五日、慎重論を振り切り、街から討って出て、敵方に占拠されていた砦のいくつかを落とし、五月八日、イギリス・ブルゴーニュ軍を退却に追い込んだ。その後しばらくフランス軍は快進撃を続け、ロワール川周辺のイギリス軍の拠点をいくつか攻略する。

オルレアンの街にあるジャンヌ像

イギリス軍の勢いに押されていたフランスは、これで息を吹き返した。ジャンヌは「神の声」が告げる次の目標、ランスの大聖堂におけるる王太子シャルルの、フランス王としての戴冠式を実現するために奔走する。ランスは八一六年以来代々のフランス王が戴冠式を行っている場所であり、ここで戴冠し、聖油によって聖別されることでフランス王としての正統性が認められるとされていた。王太子シャルルは、父シャルル六世が亡くなっているにもかかわらずまだ戴冠式を行っていなかった。ランスは敵方であるブルゴーニュ公の支配下にあったのだ。

加えてシャルルには、戴冠式を急いで執り行うべき理由もあった。イギリス王ヘンリー六世もまた、「フランス王」を名乗っていたのだ。根拠は、ブルゴーニュ公、イギリス王、フランス王妃の間で一四二〇年に結ばれた「トロワ条約」である。この席でシャルル六世妃イザボーは、イギリス王ヘンリー五世が自分たちの娘と結婚し、フランスの相続人になること、そしてその子供が英仏両国を治めることを認めてしまったのだ。実の子シャルルが、すでに王太子だったにもかかわらず。

ジャンヌに語りかける「神」は、王太子シャルルの王位の正統性を主張していた。ランスでの戴冠によってそれを証明する。それが、ジャンヌの使命だった。

しかしランス行きには危険が伴った。ランスだけではなくその周辺も、ブルゴーニュ公の勢力範囲だったのだ。ランス行きを案じる声が王太子の周辺にあったのも、当然ではあった。

だがジャンヌはぶれなかった。オルレアンの一戦で彼女の力を見た王太子シャルルも、賭けに乗ろうと考えた。ランスに向かう王太子の軍は、不思議なことにあまり抵抗に遭わなかった……。途中の街は、大半がほぼ戦うことなく投降したのである。

一四二九年七月一六日。ジャンヌが付き従う王太子の軍はランスに入った。翌一七日、王太子は大聖堂で戴冠式を執り行い、晴れて「フランス王」になったのだった。

ランスの大聖堂は、フランスを代表するゴシックの大建築である。四〇メートル近い高さを誇る堂内はステンドグラスに飾られ、美しい「青」に彩られたシャガールのステンドグラスもある。もちろん、ジャンヌを祀ったチャペルもあるが、さりげなくも重要なのは、ここで戴冠した歴代の国王の名を彫ったプレートだろう。九世紀のルイ一世に始まり、ブルボン王朝最後のフランス国王シャルル一〇世まで、ほとんどすべての国王がここで戴冠しているのだ。その数は二五人にのぼる。ジャンヌが、そして「神の声」がランスにこだわったのも、うなずける気がする。

ちなみに、ここで戴冠した最後のフランス国王であるシャルル一〇世の戴冠式に際して作曲されたオペラが、ロッシーニの《ランスへの旅》（一八二五年初演）である。ランスで行われる戴冠式を見物に各国からやってきた貴族たちが繰り広げるドタバタ劇で、ストーリーらしいストーリーはなく、オペラというより祝典的な音楽劇という印象だ。ロッシーニの音楽も内容に応じて華やかに作られていて、超絶技巧や美しいメロディを誇る歌の数々がちりばめられ、幕

ジャンヌがシャルルを戴冠させたランスの大聖堂

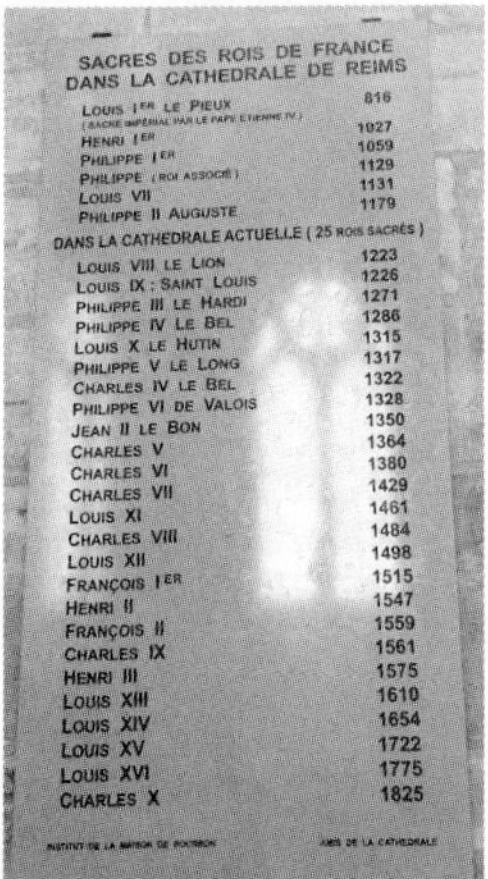

ランスの大聖堂には、ここで戴冠した国王の名前を記したプレートがある

切れにはソリスト一四人による一四重唱！まで登場して、お祭り気分を盛り立てている。

すべての王が憧れた、ランスでの祝典。この日が、ジャンヌの生涯の最高の日だった。ドンレミから出てきておよそ一年が経っていた。

その後の一年は、ジャンヌが坂を下る一年になる。それも急激に、暗い穴にまっさかさまに落ちていくように。その足取りをたどって感じる絶望感は、彼女の栄光をたどる時に感じる躍動感の何倍も辛い。最高の光と最低の闇。ジャンヌはわずか二年の間にその両方を経験し、そして歴史から消えた。

ここで、ジャンヌの存在が少なからぬ影響を与えた当時の状況を振り返ってみたい。ジャンヌがフランスで成し遂げたことは、どのような意味があったのだろうか。

百年戦争

ジャンヌ・ダルクが現れた時代、イギリスとフランスは「百年戦争」を戦っていた。一三三七年から一四五三年にかけて断続的に戦われたこの戦争の結果、ごくざっくりとだが、イギリスとフランスが現在のような領土をほぼ固めることになる。イギリス（イングランド）はブリテン島を中心にした国に、フランスはドーヴァー海峡をはさんで対岸の大国に、ということだ。

前提としておかなければならないのは、戦争当時、今で言う「イギリス」「フランス」という「国家」の概念はまったくなかったということだ。「フランス」という言葉は、今のフランスではなく、現在「イル・ド・フランス」と呼ばれている地域に当てられていた。

「イギリス」を作った人たちは、もともと今のフランスの領分から出て行った。百年戦争が始まった当時、イギリス王はフランス王の「封臣」という立場だった。しかし結婚そのほかによってフランスの地にも領土を得たイギリスは、「フランス王」の座を狙っていた。一三三七年、イギリスはフランス王との封臣関係を破棄し、王位を主張して宣戦布告する。理由のひとつには、毛織物産業で栄えていたフランドルを手に入れたいということもあった。戦いは休戦をはさみながら繰り返され、ジャンヌが登場した時には、前述の通りイギリス国王ヘンリー六世が、トロワ条約を理由に「フランスとイギリスの王」を名乗っていた。英仏両国に「フランスの王」がいるこのような状況をもたらしたシャルル六世妃イザボーは、当然ながら非難の対象だった。人々の間では、「フランスはひとりの女によって破壊され、ロレーヌ出身のひとりの乙女によって復興される」という予言が語られていたという（ただしこの「伝説」は、オルレアン解放後に作られた疑いが濃い）。「乙女」とはもちろんジャンヌのことである。

ちなみに「予言者」は中世フランスではごく一般的な存在だった。ジャンヌの同時代にも、何人もの「予言者」が現れた。だが「予言」を実現してしまったのはジャンヌだけだった。この行動力と実行力が、ジャンヌを特別な存在にしたのである。

フランスもまた、一枚岩ではなかった。「フランス王」は存在し、その下に「封臣」が従う形ではあったが、有力な領主たちは絶えず王位をうかがっていた。その中で大きな勢力を誇っていたのが、ブルゴーニュ公爵だった。ジャンヌが現れた当時、「フランス」に宣戦布告したイギリスは、ブルゴーニュ公爵と同盟を結んでいた。イギリスとブルゴーニュの連合軍は現在のフランスの領土の北半分を支配下に置き、一四一八年にはパリを占領した。フランス王太子シャルルは、パリを逃れてロワール川沿いのシノンに宮廷を置いた。ジャンヌとシャルルが出会うのは、このシノンでのことである。そしてジャンヌが王太子の許可を得て救援に駆けつけたオルレアンは、ちょうどフランスの中央にあり、シャルル一派の北限となっていた拠点だった。ここが落ちれば、王太子の勢力は厳しい状況に立たされる。そんな、運命の街だったのである。

ジャンヌの故郷ドンレミは、現在のフランスとドイツの国境に近いロレーヌという地域にあるが、その頃は王太子たちの勢力圏にあった。周囲はブルゴーニュ派の地域が多く、ドンレミはしばしば敵方の襲撃を受けた。ブルゴーニュ軍の狼藉《ろうぜき》を体験するうち、ジャンヌがますますフランスびいきになった可能性はある。

シャルルがランスで戴冠してから、フランス軍の情勢は徐々に好転していった。戴冠式の六年後の一四三五年には、ブルゴーニュ公と和解。翌一四三六年にはイギリス軍からパリを取り戻し、一四五三年には大陸からイギリスを追い出して、「百年戦争」に勝利を収める。時間はかかったが、シャルルはブルゴーニュ公爵との和解を優先した。その過程で、ジャンヌはいわば弾かれてしまったのである。

売り渡された「乙女」

ランスでの戴冠式は、ジャンヌの人生の頂点だった。そして変わり目でもあった。これ以後、ジャンヌの人生に勝利はない。

ジャンヌは、この機を逃さずに敵を打ち破りたいと血気盛んだった。ジャンヌは新王に、ブルゴーニュ派に制圧されているパリへの進軍を提案した。シャルルがパリを奪還するということは、「神の声」も告げていることだった。だが王はなかなか応じず、北フランスの諸都市を転々とした。正統なフランス王と認められた自分を誇示する目的もあったらしい。さらにブルゴーニュ公との和解を模索し、休戦協定を結んだりしている。

ジャンヌは血気にはやった。ようやくパリ攻撃の許可を得た彼女は、一四二九年九月八日、パリのサン・ドニ門を攻撃する。包囲されたオルレアンを解放して四ヶ月、今度は彼女がパリを包囲する番だった。

しかしパリの防備の固さは、オルレアンの比ではなかった。またパリ市内には、以前過酷な統治をしていたシャルル一派に対する反感もあったと言われる。ジャンヌ軍は、わずか一日で撤退する。彼女も負傷した。傷ついた女鷹。

シャルルはジャンヌの一家を貴族に取り立てた。がその後、彼はジャンヌとますます距離を置くようになる。

シャルルは嫉妬深かったのではないか。彼のジャンヌに対する冷遇を、そう受け取る人もいる。ジャンヌに注目が集まるのを快く思わなかったと。シャルルは無気力な王だった。それも一部では定説だ。だが、多少そのようなことがあったにしても、シャルルが繰り返しブルゴーニュ公との接点をさぐっていたことはたしかだ。ブルゴーニュ公と和解し、彼と手を組んでイギリスと対峙するというのが、シャルルが描いた計画だった。最終的にそれはうまくいき、シャルルはフランスからイギリスを追い出すことに成功する。

さしあたり、シャルルはジャンヌを持て余したように見える。彼はジャンヌを引き続き戦闘に派遣したが、それは野盗討伐の軍だったりした。さらにジャンヌは、一四三〇年五月、ブルゴーニュ軍に包囲されたコンピエーニュの防衛戦に派遣される。手兵はわずか二〇〇人。何ができるというのだろうか。シャルルは冷たかった。コンピエーニュにも、ジャンヌにも。

ジャンヌのほうにも、恐ろしい予感があった。彼女は裁判で、コンピエーニュに派遣される前から、自分は「聖ヨハネ（仏語で「ジャン」）の祝日の前」に捕虜になるだろうと「神の声」が告げた、と語っている。「お告げは果たされるべき」だと考えたジャンヌは、恐怖はあったが、最終的に「すべては主の思し召しと考えて受け入れた」。

果たしてコンピエーニュは、ジャンヌの悲劇の始まりとなった。

コンピエーニュに到着したジャンヌは、城外にイギリス軍が作りはじめた砦を潰すために討って出た。しかし作戦は失敗し、軍は退却。しんがりを守っていたジャンヌは、ブルゴーニュ軍の手に落ちてしまう。時にジャンヌ一八歳。

当時、戦争捕虜は、身代金を支払えば解放されるのが通例だった。身分が高かったり、勇名を馳せていたりすればそれなりの身代金が必要だった。シャルルにとってジャンヌは恩人である。助け出して当然ではないかと思う。だが、シャルルが動いた形跡はない。

代わりにジャンヌの身柄を欲しがったのがイギリス軍である。フランスとイギリスの王を名乗っているヘンリー六世を擁するイギリスからすれば、シャルルをランスで戴冠させたジャンヌは自分たちの王の正統性を傷つけた憎い敵だった。加えてジャンヌの存在は、兵士たちを恐れ戦《おのの》かせていた。「神の声」を聞いて戦う少女。その存在にフランス軍が高揚したのはオルレアンで証明されている。オルレアンにおけるジャンヌの活躍は、内外に知れ渡っていた。ジャンヌは、どうしても殺されなければならなかった。だがただ処刑しても価値がない。彼女を、そして彼女が正統性を与えた「フランス国王」シャルル七世を貶《おとし》める形でなければ意味がない。それには、宗教裁判にかけることだ。そして彼女が、教会に守られない「異端」だと証明することだ。

イギリスは身代金を用意した。一万リーヴル。大金である。ブルゴーニュは交渉に応じた。ジャンヌは囚われたコンピエーニュから数ヶ所を転々とし、アラスでイギリス軍に売り渡された。イギリス軍に引き渡されると知ったジャンヌは絶望し、途中二度も逃亡を企てている。ボールヴォワールでは「神の声に逆らって」（ジャンヌ）収容された塔から飛び降り、大怪我をした。その結果、彼女の監視はますます厳重になった。ジャンヌは、大陸におけるイギリス側の本拠地だったルーアンに送られ、裁かれることになる。

繰り返すが、ジャンヌ救出のためにフランス側が何かをした形跡はない。ただひとり、ジャンヌとオルレアン包囲戦をともにし、彼女が「神の使い」だと信じていた「オルレアンの私生児」ことデュノワ伯爵だけが、ジャンヌを助け出すためにルーアンに向けて軍を進めようとしたが不発に終わった。救出の努力は、それまでだった。

ちなみにジャンヌの二人の兄、ピエールとジャンは、以前からジャンヌとともにフランス軍に加わっていた。ピエールはジャンヌとともにコンピエーニュで捕虜になったが、一四三〇年代後半に身代金を支払われて解放され、オルレアンに居を構えている。

ルーアンにあるジャンヌが収容されていた塔

謀られた「異端審問」

ルーアンでジャンヌを待ち構えていたのは、イギリス軍に逆らった罪ではなく、教会に従わなかったという「異端審問」の裁判だった。

繰り返しだが、戦争捕虜は身代金を払えば釈放される。だがイギリス側は、彼女を戦争捕虜とは見なさなかった。そうではなく、教会に逆らった「異端」として断罪すれば、彼女の力で戴冠したシャルル七世の正統性に傷がつく。それがイギリス側の一番の目的だった。

イギリスだけではない。カトリック教会全体にとっても、彼女が「神の声」を聞いた、自分が「神」から遣わされたと主張していることは見逃すわけにはいかなかった。ジャンヌが囚われた時、最初に彼女の身柄を引き取りたいと言い出したのはパリ大学の神学部である。パリ大学はジャンヌのせいで「神の栄光が傷つけられている」と考えていた。

同時にイギリス軍にとってジャンヌは、「神」の助けを得て彼らを敵視している恐るべき存在だった。ジャンヌの言葉によればフランス軍は神の軍であり、イギリス軍は神の敵である。その彼女の言葉や存在に、フランス軍は鼓舞されている。そのような存在を、生かしておくことができるだろうか。

ちなみにジャンヌが、その後しばらくして盛んになった「魔女裁判」ではなく、「異端審問」によって裁かれたことは強調しておかなければならない。

とはいえ、ジャンヌに対する「異端審問」は異例ずくめだった。

裁判長に任命されたピエール・コションは、ボーヴェの司教を務めていたが、ブルゴーニュ～イギリス派だった。彼はフランス王を兼ねると称していたイギリス国王ヘンリー六世の顧問として報酬をもらっており、シャルルが戴冠のためにランスに来たことで自分の司教管区から追われ、イギリス軍の本拠であるルーアンへ逃れた。彼はジャンヌが自分の勢力範囲であるコンピエーニュで捕まったことを理由に裁判長を申し出たのだが、本来これは違反だった。異端審問は、被告の生地か、被告が異端を犯した場所の司教でなければ行えないのだ。コションは、空位だったルーアンの大司教を狙っていたとも言われている（結局それはかなわなかったが）。一四三一年一月、ヘンリー六世はコションにジャンヌを引き渡した。

裁判を通じて、ジャンヌに対する扱いはきわめて不当なものだった。教会裁判では当然の権利である弁護人も認められず、また裁判は公開で行われることが決まりであるにもかかわらず、何度か獄中で行われた。教会の裁判なら教会の牢に収容され、女性の見張りがつくのが通例なのに、ジャンヌは軍の牢に閉じ込められ、足かせをはめられて鎖につながれ、男性の見張り役がつけられた。その人数は五人。しかもそのうち三人は牢内に同居していたという。彼女はしばしば彼らから暴力を受け、暴言を吐かれた。これはジャンヌ自身が、そして「復権裁判」で牢番ら関係者が証言するところである。

男性の中で寝起きしていたジャンヌが純潔を守れたかどうかは気にかかるところだが、少なくとも裁判の最中に行われた処女検査では、彼女の純潔は証明されていた。ジャンヌは、神から命じられたとしてキリスト教会で禁じられている男装を続けたが、それは軍中や獄中で身を守る意味合いもあったはずだ。ジャンヌを護衛したりともに戦ったフランス側の兵士たちは、彼女を「欲望の対象にすることは不可能だった」「彼女が近づくと肉体的な興奮が静まってしまった」などと証言している。

ジャンヌは孤独な闘いを戦った。精神的にも、肉体的にも。「処刑裁判記録」に遺された彼女の言葉を読むと、その果敢さに圧倒される。時に「答えを控える」としつつも、彼女は基本的には正直に、自分の身に起こったことを語っているように思える。自分は「神の声」に従っているだけだと一貫して主張し、今でもそうしていると言いつづけた。「神の声」が聖カトリーヌ、聖マルグリートと大天使ミカエルだったことは、この裁判で初めて彼女の口から明かされた。「神の声」は獄中にいる彼女にも毎日のように訪れ、「勇敢に答弁せよ」と励ましたという。「解放されるだろう」と告げられたこともあれば、「殉教《じゅんきょう》を恐れるな」「すべてを喜んで受け入れよ」「最後は天国に迎え入れられる」と励まされたこともある。声のお告げに揺れながら、ジャンヌは決して神を呪ったり罵ったりしなかった。最後まで「我が主にすべてを委ねる」と言いつづけたのである。

裁判でジャンヌの答弁を目撃していた人の多くも、彼女が「慎重」に「賢く」「勇敢」に答弁することに感嘆していた。「彼女は尋問に対して非常に賢い答弁をしたが、それは優れた学者の答えのようだった」(傍聴者の証言より)。昼も夜も心身ともに休まることがなかっただろう過酷な環境にいたことを思うと、超人的だと言っていい。

「恩寵《おんちょう》」に関する質問に対して彼女が返した答えは、ジャンヌの知性を示す好例とされている。「神の恩寵に浴していると思うか」と尋ねられた時、ジャンヌは「もし浴していないなら浴させてくれるように、浴しているならその状態にとどめてくださるように」と返し、審問者たちを感服させた。なぜなら恩寵に浴していると答えても浴していないと答えても、断罪されるからである（この問答は、教会の日曜礼拝で学んだ可能性があるようだ）。

いずれにせよ、ジャンヌの信仰心が熱烈なものだったことは間違いない。それが、この世の教会が押し立てる「神」とは別の、彼女にしか見えない「神」だったこと、それが問題なのだった。どちらも譲れない。結果は初めから見えていた。

裁判はおよそ四ヶ月続いた。五月二四日、教会はジャンヌに対する判決文を作成し、修道院の墓地に彼女を引き出して衆人環視の前で読み上げた。教会はお前の言う「神の声」は認めない。お前は教会の保護から外され、世俗の権力で裁かれる。結果は火刑だ。それでいいのか。

ジャンヌは揺れた。判決が読み上げられている途中でそれをさえぎり、教会に従うと告白した。裁判官たちは、これに署名しろと「改悛《かいしゅん》状」を差し出す。そこには「神の声」は偽りであり、自分は神と教会とを侮辱し、神の教えに背いて誤って男装をした、今後は教会の指導下に身を委ねるなどと書かれていた。ジャンヌはそれにサインする（彼女は文盲だったので、十字のしるしを書いている）。なぜ改悛したかについて、ジャンヌは「火刑が怖かった」と後に告白している。

教会の保護下に置かれたジャンヌは、だが解放されるどころか「永久入牢」の罪を言い渡される。それも、これまでいた牢で、これまでと同じ男たちに囲まれて。その中で彼女は「女」に戻らなければならなかったのだ。一命は取り止めたとはいえ、あまりにも過酷な裁きだった。

そんなジャンヌに「神」はどう応じたのだろうか。

「神の声」は改悛したジャンヌに厳しかった。「お前が誤っていたと告白したのは悪いことだった」。「神の声」はそう言ってジャンヌを責めた。「命惜しさに改悛状に署名したという恥ずかしい裏切り」を憐れみ、地獄に堕ちると告げられた。「神の声」に見放されたら、ジャンヌは存在しない。

四日後。ジャンヌは再び男の服を身につけた。女の服が隠され、男の服しかなかったからという証言もある。イギリスの高官に乱暴されそうになったからだとジャンヌが言ったという証言もある。いずれにせよ目的は、男たちの中にいる自分の身を守るためだった。また、ミサに行けると約束してもらったのに行かせてもらえないから、とも。

裁く側にとっては、願ったりかなったりだった。男装することによって、ジャンヌは「異端」に戻ったのだから。

「戻り異端」に救いはない。五月三〇日、剣や棒を持った七〜八〇〇〇人もの兵士に囲まれたジャンヌは、ルーアンのヴィユ・マルシェ広場に引き出された。彼女は再び火刑台を目にし、見物にやってきた大勢の群衆を目にした。判決文が読み上げられ、ジャンヌは正式に教会から破門され、「世俗の権力」に引き渡された。本来ならここで世俗権力による裁判があるのだが、それは省略された。

刑は残酷をきわめた。ただの異端なら、火刑の苦しみを軽減するために絞首刑になってから火刑台に移されることもあったというが、ジャンヌは生きたまま焼かれた。文字通りの「火あ

イシドール・パトロワ「火刑に導かれるジャンヌ・ダルク」（ルーアン美術館蔵）

ぶり」である。しかも漆喰でできた火刑台は、見物人が見世物を長く楽しめるように、通常より高く設けられたのである。

だが生き地獄の中でも彼女は神を信じた。すべての人を許し、十字架が欲しいと望み、イギリス兵が小さな十字架を作って渡すとそれを抱きしめた。火を目にすると再度十字架を見たいと望み、付き添った修道士が下から十字架を高く掲げると、それを眺めながらイエスの名を唱えつづけた。炎が体を包んでも、イエスを呼ぶ声は続いた。その様子を眺めていたおよそ一万人とも言われる見物人の多くは、憐れみの念にかられ、涙を流したという。悪魔だと言い聞かされていたが、うら若い女性、それもこの死に方は殉教者のそれではないか。後の「復権裁判」でジャンヌに有利な証言が多数なされるのは、この処刑の日の光景の記憶も関係しているように思われる。

ジャンヌの死に際は見事だった。「（彼女は）息絶えて首を垂らしながらも、熱烈な神への信仰を証拠立てるように、イエズスの名を声高く叫びました。私どもが、聖イグナチウス

や他の殉教者たちの伝えられる最期を読む通りでした」（最期まで彼女に付き添ったド・ラ・ピエール修道士）

ジャンヌは、一九歳だった。

ジャンヌ・ダルク復権裁判

ジャンヌ・ダルクが特別な存在になった大きな理由は、死後に「復権裁判」が行われ、名誉が回復されたことだろう。シャルル七世の主導で行われたこの「復権裁判」は、ジャンヌに下された異端判決を破棄することで、ジャンヌの助けを借りて戴冠したシャルル七世の正統性を示すことが第一の目的だった。しかし裁判の過程で彼女を直接知る人たちの証言をたくさん集めたことで、ジャンヌの人生や人物像が明らかになったのである。

復権裁判が提案されたのは、一四五〇年。ジャンヌの死後一九年を経て、シャルル七世がルーアンを奪還した時である（その四年後、イギリス軍はノルマンディーから撤退する）。英軍の拠点であり、ジャンヌが無残な最期を遂げたこの街に入ったシャルル七世は、あの裁判は疑わしいと再調査を命じたのだ。

一四五五年、教会は王の請願を受け入れ、ローマ教皇カリスト三世の名の下に再審が開始された。裁判の最初の舞台となったパリのノートルダム寺院に現れ、自分の娘は「カトリック信仰には一切背いたことがなかったにもかかわらず、異端者と認定され、残酷にも火あぶりの刑に処せられた」という感動的な言葉でローマ教皇への請願を行ったのは、年老いたジャンヌの母、ロメだった。ジャンヌの父ジャックは、ジャンヌが処刑されて間もなく亡くなったと伝えられるが、母はイギリス軍の捕虜の身から解放されてオルレアンに暮らすようになったジャンヌの兄ピエールに引き取られ、オルレアンで生活していたのだ。

裁判はドンレミ、ヴォークルール、オルレアン、そしてルーアンをめぐり、各地の人々の証言をすくい上げながら続いた。審理に参加した神学者から見張りの牢番までが、処刑裁判の関係者ともども呼び出された。もっともコションをはじめ、処刑裁判で中心となった三人は、すでにこの世にいなかった。それも、不自然といえば不自然な死に様だった。コションは髭剃りの最中に急死し、腹心のひとりはハンセン病で命を落とし、もうひとりは溝に落ちて死んでいるところを発見されたのだった。

「復権裁判」の過程で浮かび上がったのは、ジャンヌの勇敢で純粋な人柄であり、裁判の醜悪さだった。もっとも重要な証人になったのは、裁判の第一書記を務めたギョーム・マンションだったが、彼は裁判長のコションらに、「ジャンヌに不利なことを記録するよう」たびたび強制されたという。そのコション自身、前述したように、裁判長を務める資格はなかったのだ。

ジャンヌの人柄に関して言えば、彼女の少女時代を知るドンレミの村人たちは、異口同音にこう証言している。「素行のいい娘」「自分にもこんな娘があったら」「立派なキリスト教徒」「進んで教会に通い、よく聖体拝領を受けた」「敬虔すぎてからかわれるほどだった」……。多少の思い入れはあるだろうが、まったく否定することもできないように思われる。ジャンヌは自発的で積極的であると同時に、謙虚で慎み深く、何より信心深い「いい子」だった。人望もある、リーダー的な存在だったのだ。

成人してからのジャンヌにも、「立派なカトリック教徒」「誠実な女性」（アランソン公爵）だという評判は絶えなかった。フランス軍に合流してからのジャンヌが「神から遣わされた」と思った証人もぞくぞく現れた。ジャンヌがオルレアンに入る時、風向きが変わって物資がスムーズに運べたなどといった「奇跡」と信じられている逸話も飛び出した。彼女の生活が質素で、食事もごくわずかであったことも目撃されている。彼女は一日に「水でうすめたワインにつけた四、五切れの肉片」しか口にしなかったり、あるいは「聖体拝領のパン」しかとらない時もあったという。ジャンヌは戦いの最中ほとんど馬から降りなかったと伝えられるが、それはこのような食生活も関係があったに違いない。いずれにせよ、ジャンヌは常人とは違う存在でありつづけた。

裁判のやり方や、獄中におけるジャンヌの取り扱いが不当なものだったことも証言された。弁護人もなく、獄中では男性に見張られ、屈辱的な扱いを受けながら闘いつづけたジャンヌの姿が、白日の下にさらされたのだ。しかも「改悛状」が偽造された疑いまで出てきた。ジャンヌが読み聞かされたものは、署名したものより短かったというのだ。改悛後に女装したら乱暴されそうになったとジャンヌが言った、という証言もここで出てきた。人々の衝撃は、大きかったに違いない。

一四五六年七月七日、ジャンヌが処刑されたルーアンで「復権裁判」の判決が下る。教皇の名において、「処刑裁判」は「無効」であり、「破棄されるべき」ものだと認定されたのだ。ただし、彼女が異端だったことを明確に否定する言葉は盛り込まれなかった。

その状態は、ジャンヌが列聖されても変わらず、現在まで続いている。ジャンヌはある意味、教会にとっては扱いにくい対象であるようだ。

死後の受容と復活――文学的存在から歴史的存在へ

「復権裁判」で名誉は回復されたものの、ジャンヌが今のように聖人視されるまでにはなお数世紀の時間が必要だった。その過程は、ジャンヌを扱った作品にも反映されている。

有名な文人たちの作品に現れたジャンヌ像は、最初のうちはグロテスクである。シェイクスピアは、『ヘンリー六世』でジャンヌを魔女として描いた。ジャンヌの敵方であるイギリス人なのだから当然と言えばそうなのだが、悪魔を呼び出したり、その悪魔に見放されて戦いに敗れて捕虜になったり、王家の血筋だとか英国貴族の子供を身ごもっているなどと主張して助命を乞うなど、ナンセンスな内容のオンパレードだ。

フランス人も、彼女の心の故郷とも言うべきオルレアンなど一部を除いて、しばらくの間はジャンヌに冷淡だった。とりわけ、キリスト教信仰を否定した啓蒙主義の時代には、ジャンヌの時代は古臭く迷信深かったとして嫌悪された。この時期に書かれたヴォルテールの『オルレアンの乙女』（一七五五）は、ジャンヌをパロディ化している。ジャンヌの純潔はなんとロバに奪われるのだ。この時代への蔑視が感じられる展開ではないだろうか。

風向きが変わったのはフランス革命期である。オペラの原作にもなっている（詳しくは後述）シラーの『オルレアンの乙女』（一八〇一）は、筋書きは荒唐無稽ながら、ジャンヌ讃歌というべき内容になっている。とはいえ内容は想像力たくましいもので、ジャンヌはあくまでシラーの文学的なヒロインにとどまっていた。

一九世紀、フランス革命を経てナショナリズムが芽生えた時代に、ジャンヌは復活する。口火を切ったのはナポレオンである。彼は革命後の一八〇三年、国家の指導者として初めて、フランス人の愛国心を鼓舞する狙いで、ジャンヌ・ダルクはフランスを救った女性だったとぶち上げた。さらに、ナショナリズムを背景とした歴史主義がジャンヌ発掘に拍車をかける。各国で自国の歴史への興味が起こり、封じ込められていた「中世」が再発見され、資料の発掘が盛んに行われる（ワーグナーがゲルマンの神話伝説を発掘してオペラの材料にしたのも、この流れの中にある）。人々はフィクションよりノンフィクションに、空想より実証できる確実なものに惹かれた。ジャンヌもその対象になり、彼女に関する年代記や、裁判記録の発見や出版が行われたのだ。

特に重要だったのは、裁判記録の再発見である。ジャンヌの処刑裁判記録はフランス語で書かれ、あわせてラテン語版も作られたが、その後フランス語原本は消失してしまった。それが一八世紀の末に、フランス語原本から写されたと見られる写本が古文書の中から出てきたりして、資料が揃ったのである。一八四〇年代には、ジュール・キシュラが処刑裁判の記録を含む『ジャンヌ・ダルク資料集』を刊行。ヴェールに包まれ、想像力で補われてきた彼女の実像が一挙に明らかになった。

「歴史的」ジャンヌの第一歩を記した文献は、ジュール・ミシュレの著作である。彼は『フランス史』の第五巻（一八四一）で、裁判記録を引用しつつ、ジャンヌ・ダルクを初めて「歴史」の一ページとして扱った。ジャンヌに関する部分は後に単行本化されている（一八五三）。愛国者、共和主義者として、一八四八年の七月革命にも参加し、さらにナポレオン三世の帝政に反発して教授職を免職になったミシュレは、熱烈なジャンヌ讃美者になり、今につながるフランスの国民的英雄であるジャンヌ像の形成に貢献した。彼はジャンヌを「フランスを愛した」人間として讃えている。

一八六八年には、「処刑裁判」「復権裁判」両方の記録が刊行される。ジャンヌ自身の言葉と、ほかの人たちが証言するジャンヌ。この二点が揃って、彼女の人物像は明確になった。以後ジャンヌを扱った創作は、これらの証言を避けて通ることはできなくなり、荒唐無稽な文学的ジャンヌが生まれる余地はなくなる。そして、一九世紀ナショナリズムの後押しもあり、ジャンヌに関する文献や創作、絵画や彫刻、モニュメントがあふれはじめるのである。やはり一九世紀に、作曲家のモニュメントがあふれはじめたように。教会にジャンヌが祀られるようになったのは、このような「復活」の過程があったからこそだった。

ジャンヌは、その行いの高潔さと純潔性でカトリック教会の、祖国フランスを助けた愛国心という点で国民の英雄となった。二〇世紀に入って、ジャンヌはカトリック教会により福者（一九〇九年）、そして聖人（一九二〇年）になる。ただし、教会は彼女が聞いた「声」が神のそれであることや、彼女が「殉教者」であることは認めていない。ジャンヌは「やっかいな女性」（佐藤賢一）でもあるのである。

オペラになったジャンヌ・ダルク――「文学的ジャンヌ」のエコー

フランス史上きっての有名人、ジャンヌ・ダルク。文学、演劇、映画と、彼女を主人公にした作品は数えきれないが、オペラは意外と少ない。とはいえその内容は成立した時代と切っても切り離せないものになっている。ジャンヌの受容史で言えば、「文学の時代」と「歴史の時代」を代表しているのだ。

ジャンヌを主人公にしたオペラの中で現在でも時折上演されるのは、ヴェルディの《ジョヴァンナ・ダルコ》（「ジャンヌ・ダルク」のイタリア語読み）とチャイコフスキーの《オルレアンの少女》の二作である。だがあらすじを見ればわかるように、二作は史実とはまったく乖離《かいり》している。二つともジャンヌは恋に落ち、なぜか実の父親に魔女だと告発される。チャイコフスキーのジャンヌは敵将に恋し、ヴェルディのジャンヌは（空間的にもありえないことだが）シノンにいるはずの国王！とドンレミ村で出逢い、なんと国王の恋の相手になる。牢獄につながれた彼女を解放するのは、ジャンヌを告発した当の父親。そして彼女は、戦場で名誉の死を遂げる。まあ、自由なファンタジーと言ってもいい。

実は二作は、同じ原作に基づいている。ヨハン・フリードリヒ・シラーの『オルレアンの少女』である。これは、ジャンヌ受容史においては、フィクションが許容された「文学の時代」を締めくくる作品だった。前述したように、裁判記録や年代記といったジャンヌをめぐるドキュメントが発掘、出版されるのは、その半世紀ほど後のことである。

二作のオペラに見られる多くのフィクション、ジャンヌの恋愛や戦場での死、あるいはチャイコフスキー作品に登場する寵姫アグネサとの愛に溺れるシャルル七世は、シラーからの転用だ。チャイコフスキーはさらにジュール・バルビエの『ジャンヌ・ダルク』を参考にし、自分で台本を編んだ。

ヴェルディの場合は、台本作家のテミストークレ・ソレーラが、シラーの原作にかなり自由に手を加えている（ソレーラ自身は、シラーを下敷きにしたことを認めていない）。ヴェルディよりほぼ四〇年後にジャンヌの物語を作曲したチャイコフスキーは、ヴェルディ作品は「ひどい」と眉をしかめたという。支離滅裂な台本も、直截的な音楽も、チャイコフスキーの好みではなかったのだろう。

けれど歴史的事実から切り離してみれば、二作はそれぞれ楽しめるオペラではある。ヴェルディの《ジョヴァンナ・ダルコ》には、若い時代のヴェルディならではの推進力とメロディの洪水があるし、第三幕幕切れなどのコンチェルタートもパワフルで引き込まれる。歌唱的にも華やかで、歌手が揃えば娯楽作品として文句ない。

チャイコフスキーの《オルレアンの少女》は、彼のオペラの中でもっとも高い人気を誇る《エフゲニー・オネーギン》の次に書かれたオペラで、叙情的で内面的な《オネーギン》とは違う、「舞台と音響の効果」（チャイコフスキー）を伴ったスペクタクルなオペラをめざした作品である。たしかに「ジャンヌ・ダルク」の人生は、派手な見せ場が作りやすい素材だろう。このオペラでも戦闘から戴冠式から火刑までスペクタクルシーンが盛りだくさんで、合唱が活躍し、第二幕のシノンの宮廷の場面では、ジプシーや道化師などによるバレエもはさまれる。もちろん、チャイコフスキーお得意の美しいメロディもむせかえるばかりだ。

歴史的な素材に、バレエやスペクタクルや大合唱を盛り込んだ大時代的なオペラ。それは、パリのオペラ座で上演されており、当時のオペラ界におけるハリウッドの大作映画のような存在だった「グランド・オペラ」のスタイルだった。チャイコフスキーはそもそも、このオペラをロシア国外で上演するつもりでいた。フランスのヒロインを扱ったのは、その目的もあったようだ。実際、初演でも大成功を収めた《オルレアンの少女》は、ロシア国外で上演された初のチャイコフスキー・オペラとなっている。

二作が史実と切り離して楽しむべきオペラであるのと同様に、シラーの『オルレアンの少女』も、あくまでシラーの作品として読むべき戯曲である。そもそもジャンヌが異性に恋をするという設定が、史実のジャンヌから程遠い。それどころか、もっともありえないことではないだろうか。その点では、ヴェルディもチャイコフスキーも源はシラーにある。神に生涯を捧げ、純潔を誓ったのに、男性を恋してしまい、天使たちに糾弾されるジャンヌ像。後世から見ればとんでもないが、シラーの戯曲は、少なくともそれ以前の文人たち、シェイクスピアやヴォルテールといった人たちが描いた風刺的、悪魔的なジャンヌ像よりは、はるかにジャンヌという存在に共感している作品ではある。

歴史的検証を経た「聖女ジャンヌ」――オネゲル《火刑台上のジャンヌ・ダルク》

私たちが想像するジャンヌ像にもっとも近いイメージを提供してくれる音楽劇が、オネゲルの《火刑台上のジャンヌ・ダルク》である。それはすなわち、この作品が、一九世紀に歴史的検証を経て明らかになったジャンヌ像を反映しているためでもある。本作は「オラトリオ」（物語性のある大規模声楽曲）に分類され、「オペラ」ではないものの、ジャンヌを主人公にした音楽劇では現在もっともよく上演されている作品でもあるため、本章で取り上げることにした。

実際《火刑台上のジャンヌ・ダルク》は感動的な作品である。一九世紀以降に明らかになった史実を踏まえ、風刺も盛り込んでジャンヌを断罪した人々を告発し、最後は火刑台上のジャンヌが神の手に迎えられるカタルシスを静謐《せいひつ》に描く。

実は二〇世紀のフランス・オペラには、宗教劇的な性格を持つ傑作がいくつもある。プーランクの《カルメル会修道女の対話》や、メシアンの《アッシジの聖フランチェスコ》といったオペラだ。もともとフランスには宗教劇の伝統があるが、この手のオペラには、カトリック国フランスならではの、神秘的な宗教的感情が感じられる。《火刑台上のジャンヌ・ダルク》にも、同じ色合いがある。最後に誇らしげに歌い上げられるのは、命をかけたジャンヌの「神への愛」だ。

物語は、火刑を翌日に控えたジャンヌが人生を回想する形式だが、彼女が幽閉されている牢に天から遣わされた修道士ドミニクが現れ、ジャンヌと対話しつつ、彼女を断罪した裁判や、彼女を取引した王侯たちの偽善を暴く形になっている。ジャンヌを裁く裁判は動物たちによって行われ、裁判長は「豚」＝「コション cochon」。つまりジャンヌを裁いたあの大司教の名前である。なんと強烈な風刺だろうか。

また、ジャンヌがイギリス王に引き渡される過程は、フランス王も含めた王侯たちのトランプゲームで決められる。このような風刺的な場面に当てられた軽快な音楽と、神秘的な部分の重々しくもクリスタルな音楽——オンド・マルトノが活躍する——が対比され、八〇分はあっという間だ。

ユニークなのは主役の二人、ジャンヌと修道士ドミニクが俳優によって演じられることだ。これは本作がもともと、初演でジャンヌを演じた女優兼ダンサーのイダ・ルビンシュタインに捧げられたためでもあった。他の役は歌手だが、ひとりが何役も受け持ったりしていて、そのような点もオペラや多くのオラトリオと異なっている（オネゲルはバッハを尊敬していたが、ひとり一役ではないのはバッハの受難曲も同じだ）。この対話と歌との重層性も、《火刑台上》の魅力のひとつだろう。

ところで、《火刑台上のジャンヌ・ダルク》もまた、生まれた時代、そしてナショナリズムと切り離せない作品である。

本作は一九三八年にオネゲルの母国であるスイスのバーゼルで初演されて成功を収めるが、翌三九年にはジャンヌの街オルレアンで大統領の隣席の下にフランス初演が行われ、大成功を収めた。その後、第二次世界大戦前、そして戦中を通じて、《火刑台上》は爆発的な人気を獲得する。

とりわけ、一九四〇年にドイツに敗れて成立したヴィシー政権時代、ジャンヌ・ダルクはナショナリズムの守護聖人のように持ち上げられた。ジャンヌは、パリを占領され、打ちのめされたフランス人を勇気づける、「国家統一の殉教者」「フランスの象徴」（ペタン首相の言葉）として位置づけられたのだ。ヴィシー政権が打ち出した「国民革命」に含まれる、地方重視、農業の活性化といった政策にも、農民の娘であるジャンヌのイメージはぴったりだった。ジャンヌはまた、ドイツが有利だと踏んだ政権がナチスに接近していく中で、反英感情を募らせるためにも都合がよかった。

そんな状況下で、《火刑台上のジャンヌ・ダルク》は、「国民の士気を高める」（作曲家のシェフェール）目的もあって盛んに上演された。一九四一年には、フランスの三〇都市で三七公演が行われている。

このような《火刑台上》の位置づけは、台本を書いたポール・クローデルにとっても願うところだった。本作の「聖女ジャンヌ」のイメージは、クローデルに負うところが大きい。

クローデルは、有名な彫刻家カミーユ・クローデルの弟で、駐日大使を務めた外交官でもあった劇作家だが、敬虔なカトリック教徒でもあった。やはりイダ・ルビンシュタインを想定し、ドビュッシーが曲をつけた《聖セバスティアンの殉教》など、宗教的な題材の作品を多く書いている。そんなクローデルはジャンヌに心酔しており、彼女のことを「国を統《す》べる偉大な人物」「聖女」だと強調していたのだった。

一方オネゲルには、おそらくそれほど強烈な政治志向はなかったが、《火刑台上》については、大衆が「親近感を持てるよう」な作品を意図しており、そのために、「トリマゾ」という東部フランスの民謡を織り込んだりしている。この点で、オネゲル作品も、彼の意図とは無関係に「『国民革命』の含意を持つ」（田崎直美）と指摘されている。

歴史に、時代に翻弄されてきたジャンヌ・ダルク。二〇世紀の音楽劇の傑作のひとつに数えられる《火刑台上のジャンヌ・ダルク》も、例外ではない。

二〇世紀にオペラに代わって大衆娯楽となった映画でも、ジャンヌは繰り返し取り上げられてきた。近年ではリュック・ベッソンの『ジャンヌ・ダルク』（一九九九）が話題となった。ベッソンは、「神」に取り憑《つ》かれたジャンヌをかなりエキセントリックに描いていて、「神の声」を聞いたかどうかについても懐疑的だ。囚われたジャンヌは牢の中で自分の「良心」と向き合い、自分の聞いたものは「神の声」というより自分の思い込みだったと思い至り、自我から解放される（ちなみにこの映画では、「改悛」して牢に戻されたジャンヌは、そこでイギリス兵に乱暴を受ける設定になっている）。

かなり強引な展開ではある。これもまた、ほかの創作者の作品同様、ベッソンの視点から見たジャンヌ以外の何者でもない。同じ時期に、カナダのテレビ局も『ヴァージン・ブレイドジャンヌ・ダルクの真実』（クリスチャン・デュゲイ監督 一九九九年）を制作しているが、こちらのほうがより「聖女」に近い描き方になっている。もちろん、物語をわかりやすくするための、多少のフィクションはちりばめられているが。

これからも、ジャンヌは再生されつづけるだろう。ジャンヌの人生に惹かれ、あるいは疑問を持つ人がいる限り。新しい命を与えられ、ジャンヌは生きつづける。ジャンヌの生き様が心を揺さぶるのは、それが信じるものに「殉じた」人生だからではないだろうか。あのイエス・キリストのように。

推薦ディスク

ヴェルディ《ジョヴァンナ・ダルコ》

◆ヴァシレヴァ、ブルゾン、バワーズほか　バルトレッティ指揮　ラヴィア演出　パルマ王立歌劇場ライブ　キングレコード　二〇〇八

ヴェルディの故郷に近いパルマで開催される「ヴェルディ・フェスティバル」でのライブ。伝統的な演出で安心して見られる。ブルゾン演じる父親役が絶品。

チャイコフスキー《オルレアンの少女》

◆ラウティオ、クルコ、ガヴリロヴァ、レトキンほか　ラザレフ指揮　ポクロフスキー演出　ボリショイオペラライブ　ワーナーミュージック　一九九三

日本で本演目が初演された際と同じプロダクション。ポクロフスキーのスペクタクルな演出が見もの。

オネゲル《火刑台上のジャンヌ・ダルク》

◆コティヤール、ガレ、ブーロンほか　スーストロ指揮　バルセロナ交響楽団&カタルーニャ国立オーケストラ　アルファ　二〇一五

フランスを代表する女優のひとりコティヤールが演じる、美しく真に迫るジャンヌが感動的。オーケストラの音色も美しい。

第六章　シェイクスピアと歴史とオペラと

ヴェルディ《マクベス》初演時（1847年）のポスター

歴史の事実か、人間の真実か――マクベス

《マクベス》
作曲　ジュゼッペ・ヴェルディ
台本　フランチェスコ・マリア・ピアーヴェ、およびアンドレア・マッフェイ
初演　一八四七年　フィレンツェ、ペルゴラ劇場
改訂版初演　一八六五年　パリ、リリック劇場

あらすじ
一一世紀のスコットランド。ダンカン王に仕える武将マクベスは、偶然出会った魔女たちからコードアの領主、そして国王になると告げられる。予言通りコードアの領主に出世したマクベスは、野心家の夫人の励ましもあり、ダンカン王を手にかけてしまう。しかし主君殺しの罪は、マクベスに永遠の不安をもたらした。彼は、魔女たちから子孫が王になると予言された武将バンクォーを暗殺するが、そのバンクォーの亡霊が即位の祝典に現れたのを見て驚愕する。さらなる予言を求めて魔女のもとを訪れたマクベスは、女から生まれた者には殺されない、バ

ーナムの森が動かない限り王位は安泰、しかし王座はバンクォーの子孫に受け継がれると告げられる。

王座に執念を燃やすマクベスの粛清で、多くのスコットランド人が難民となった。ダンカンの遺児マルカムと、マクベスに家族を殺された貴族のマクダフは、イングランドの援軍を得てマクベス討伐の軍を起こす。マクベスの居城に近づいた一同は、バーナムの森の木を切り、身を隠して行軍した。一方マクベス夫人は罪の呵責に苛まれて錯乱し、絶命する。バーナムの森が動いているとの知らせにマクベスは慄《おのの》き、軍を率いて討って出るが、「（帝王切開で）女の腹から引き出された」マクダフの刃に倒れる。一同の歓呼の中、マルカムがスコットランドの王座につく。

血で王座を獲得する国——実在のマクベス

一一世紀のスコットランドを舞台にしたシェイクスピアの『マクベス』は、彼の「四大悲劇」のひとつに数えられる作品だ。だが陰惨さにおいては、四作の中でも際立っている。主人公のマクベスは主君のダンカンを殺して王座を奪い、それを守るために殺戮《さつりく》を重ねる。彩りを添えるのは、不気味な魔女や血まみれの亡霊たち。おどろおどろしいことこの上ない。

だが『マクベス』は、きわめてモダンで普遍的な作品でもある。血によって手に入れた「権力」の見返りは、つきまとって離れない「不安」。主君のダンカン王を暗殺したマクベスは、茫然として呟く。「もう眠りはない。マクベスは眠りを殺した」(小田島雄志訳)。権力の持つ恐ろしさ、そして「悪」というものが人間を内部から破壊してしまうことを、シェイクスピアは『マクベス』で徹底的に追求した。

マクベスは、一一世紀のスコットランドに実在した国王である。ダンカン王を殺して王位についたことも史実だ。

しかしスコットランド人は『マクベス』を好まないという。なぜなら歴史上のマクベスとシェイクスピアのマクベスはまるで別人だからだ。そもそもシェイクスピアのマクベスは悪役だが、実像はほぼ真逆。ダンカンから王位を奪ったのは事実だが、暗殺したわけではなく戦って奪い取った。戦いで王位を勝ち取るのは、当時のスコットランドではごく当たり前のことだった。何しろ、スコットランドの源流となった「アルバ王国」を建国し、実質的な最初のスコットランド王となったケネス一世(ケネス・マカルピン、在位八四三―八五八)から、イングランドの王を兼務し、実質的にスコットランドをイングランドに組み入れてしまったジェームズ一世(在位一五六七―一六二五)に至る四二人の王のうち、半分以上の二四人が暗殺されたり戦死したり廃位されているのだ。しかもマクベスは戦死したとはいえ治世は一七年間と比較的長く、「マクベス法典」と呼ばれる法を整備して、スコットランドで初めて法に基づいた統治を行った、どちらかといえば英明な王だった。スコットランド人にしてみれば、なぜマクベスがあんな悪者に仕立て上げられたのか、不愉快この上ないというところらしい。

スコットランドの王位継承が争いばかりだったのには理由がある。この国では、ヨーロッパの多くの国で一般的だった長子相続ではなく、王の息子から孫までの成人男子すべてに継承権があり、その中で力のある人物が有力者たちの合議で選ばれるシステムをとっていたのである。後継者は前王の在位中に選ばれることになっていたが、結果に不満を抱いた人間が力にものを言わせて王座を奪うのはよくあることだった。

スコットランド王マクベス（1005-57）の肖像（ジョン・ホール画、イギリス王室コレクション蔵）

ダンカンとマクベスはいとこ同士である。二人の祖父であるマルカム二世（在位一〇〇五―一〇三四）は、やはり何人かの有力者を殺して王になった。マルカムにはダンカン、トールフィン、マクベスという三人の孫がいて、マルカムの没後は長女の息子だったダンカンが王位につく（在位一〇三四―四〇）。しかしダンカンはもともと暗愚という評判だった上、イングランドに戦争をしかけて大敗し、ますます評判を落とした。焦ったダンカンは、難癖をつけていとこのトールフィン、そしてマクベスの領地に攻め入るが、戦場でマクベスと一騎討ちになり、命を落とす。ちなみにこの時ダンカンは二七歳で、マクベスは三二歳。マクベスのほうが年長だったのだ。シェイクスピア劇ではダンカンは年老いた分別ある王で、マクベスはその臣下になっているが、このような設定はまったくの創作なのである。

ダンカンには二人の嫡子がいたが、幼すぎるという理由でマクベスが王に選ばれた。実際マクベスは、王としてダンカンよりはるかに有能だった。「マクベス法典」と呼ばれる法律をスコットランドで初めて作り、司法制度も導入している。いわばスコットランドを文明化したのである。

だが因果はめぐる。マクベスもまた、戦いで命を落とした。シェイクスピアにある通り、ダンカンの遺児マルカムの手で。マルカムはダンカンの庶子で、マクベスに王位を譲ったダンカンの二人の嫡子より野心家だった。イングランドに亡命したマルカムは、イングランドから援軍を得てマクベスの居城があるダンシネインに攻め込むが、その際、兵士に白樺の枝で身を隠させて行軍したという。「バーナムの森が動いた」というシェイクスピア劇の展開は、この事実に由来する。

そのしばらく前からイングランドと戦いを重ね、消耗していたマクベス軍は大敗した。マクベスは部下数人を連れて落ちのびるが、マルカム軍に追いつかれ、これもシェイクスピアにある通りファイフの領主マクダフの手で殺された。享年五二歳。

王座はマクベスの妻の連れ子であるルーラッハが継いだ。マクベスと妻の間には三人の息子がいたのだが、マクベスは血がつながっていないにもかかわらず、一番年長であるルーラッハに王位を譲るよう手はずを整えていたという。なぜかはわからないが、見方によってはずいぶんと寛大な考えではないだろうか。

血にまみれていたのは、マクベスよりむしろダンカンやマルカムの手だった。ルーラッハは王位についてわずか六ヶ月後に、マルカムによって殺されたのだった。

なぜマクベスは悪者になったのか――シェイクスピア作品の成立事情

シェイクスピアはマクベスをなぜ、残忍で小心な武将に仕立てたのか。

その理由は、シェイクスピア作品の成立事情にある。

シェイクスピアの『マクベス』は、一六〇六年八月七日、デンマーク国王クリスティアン四世のイングランド訪問にあたり、歓迎行事のひとつとして上演された。依頼したのは当時のイングランド国王ジェームズ一世。ちなみにクリスティアン四世は、ジェームズの妃アンの義弟にあたる。

シェイクスピアは、ジェームズ一世のお気に入りだった。ジェームズはそれまでの支援者だった宮内大臣に代わって、シェイクスピアの劇団のパトロンを引き受けてしまったほどである。王がバックについたことにより、シェイクスピアの劇団は「国王一座」になった。

このジェームズ一世、なかなかの曲者《くせもの》だった。何しろ「キリスト教世界で一番賢い愚か者」

と呼ばれた王だったのである。信仰は篤かったが、「悪魔」に熱中した。体は弱かったが知識欲は旺盛で、多くの著書を残した。現在イギリス国教会で使われている欽定《きんてい》訳聖書を定めたのも、ジェームズである。

ジェームズはもともと、マクベスの母国スコットランドの国王である。先代のイングランド国王である女王エリザベス一世が独身を通して世継ぎを残さなかったため、血縁のジェームズ（ジェームズの祖父ジェームズ五世とエリザベス女王が、父方（＝ヘンリー八世）のいとこ同士）が選ばれたのだ。スコットランド国王「ジェームズ六世」は、母国よりはるかに大国で富裕なイングランドに呼ばれて小躍りし、いそいそとイングランド国王「ジェームズ一世」となり、でもスコットランドの王冠も捨てなかった。その結果、ふたつの国は同君連合となる。スコットランドは現在では英国の一部だが、それはこの時に始まった。

ジェームズは、有名なスコットランド女王メアリー・ステュアートと、メアリーの二度目の夫であるダーンリ・ステュアートの間に生まれた。「ステュアート」とは本来「執事」の意味で、スコットランドの王室の執事長を務めていた一族が職業を姓として名乗るようになり、後にスコットランドの王となったのである。

ジェームズと両親との関係は不幸だった。いや不幸以前に、彼はほとんど両親を知らない。父のダーンリは彼が一歳になる前に（おそらく母のメアリーも承知の上で）殺され、母メアリーはその数ヶ月後に、夫ダーンリの殺害にからんだという疑惑もあって王座を追われた。メアリーは血縁（父のいとこ）で、「姉」とも呼んでいたエリザベス女王を頼ってイングランドに逃れ、エリザベスの保護を受ける。だが、イングランドの王位継承権を持ち、本人にもイングランド女王になる野心があったメアリーは、エリザベスの反対勢力に利用され、結果としてエリザベスへの反乱に加担して処刑された。そのエリザベスの跡を継いでイングランドの王になったジェームズは、いわば母親の敵の手で玉座に引き上げられたのである。

母を殺した女王に復讐心はなかったのかと問われれば、なかったと答えるしかない。第一、ジェームズは母メアリーと一歳足らずで別れて以来、一度も会っていない。彼は母親の亡命、退位とともに一歳一ヶ月でスコットランドの王座についた。赤子に統治などできるわけはなく、ころころと変わる「摂政」が実権を握った。四人目の摂政となったモートン伯爵ジェームズ・ダグラスは、有名な宗教改革者のジョージ・ブキャナンをジェームズの教育係に任命した。ジェームズはブキャナンの厳しくも熱心な指導の下で、八歳で五ヶ国語を操り、神学、天文学から地理、悪魔学まで幅広い分野に通じるようになったと同時に、「殺人と不義密通を働いた」母への憎しみ、そしてブキャナンを連れてきたモートン伯爵その人への嫌悪を刷り込まれたのである。ジェームズは最終的に、自分の父の殺害にかかわったという大昔のできごとを引っ張り出して、モートン伯爵を処刑してしまったのだった。

いくつかの危機を乗り越え、一七歳で自ら親政を開始したジェームズは、二三歳の時、デンマークの王女アンと結婚するが、彼自身は同性愛者だった。君主の務めとして子供は作ったが、子供の教育方針をめぐって妻と対立し、家庭はばらばらだった。アンはもともと浪費家だったが、夫への不満はそれに拍車をかけた。

そんなジェームズがのめり込んだのが、魔法や魔女の世界だった。ヨーロッパの一六―一七世紀は、飢饉やペストに襲われたこともあって、魔女や魔術、そして「魔女狩り」が大流行した時代だったのだ。

ジェームズの魔女への関心は、彼の体験によって増幅された。ジェームズはデンマークでアンと結婚式を挙げた帰りに海で嵐に遭い、うさぎに化けた魔女たちが船に乗っているのを目撃する。帰国後ジェームズが魔女狩りにいそしんだのは当然だが、ジェームズに逮捕され、責め立てられた魔女のひとりが、嵐を操っていたのはジェームズと対立しているいとこのボスウェル伯爵だと告白した。ジェームズはさっそくボスウェル伯爵の領地に乗り込み、「魔女の集会」を目撃し、伯爵本人には逃げられてしまったものの、集会を仕切っていた伯爵一味を逮捕する。

その後ジェームズは「魔女取締法」を制定。おまけに『悪魔学』という本まで出し、その方面の権威になってしまったのだった。

半世紀近い治世を全うし、「イングランドと結婚した」と自ら宣言した女王エリザベスの後にやってきたのは、こんな風変わりな王だったのである。

シェイクスピアがマクベスを悪者に仕立てたのは、パトロンになってくれたこの王を立てるためだった。『マクベス』は、ジェームズの王位の正統性を主張する目的もあって書かれたのである。劇中で、ダンカンの忠実な臣下として重要な役回りを演じ、マクベスに殺されるバンクォーは、シェイクスピアが執筆にあたって参考としたラファエル・ホリンシェッドの『年代記』(一五七七、増補版一五八七)で、ステュアート家の祖先とされている人物なのだ。バンクォーは、ステュアート家の開祖であるウォルターの祖父にあたるという。

『マクベス』の中で、魔女たちは何度も予言する。「バンクォーの子孫が王位につく」と。マクベスがいくら恐怖にかられ、虐殺を繰り返そうと、バンクォーの子孫が王になるという運命は変わらない。そのはずだ。「バンクォーの子孫」こそ、今ここにいるジェームズ一世なのだから。

ただしこのバンクォー、どうやら架空の人物であるらしい。ホリンシェッドの『年代記』が根拠にしているH・ボゥイースの『スコットランド史』(一五三三)において、ステュアート家の祖先として創作された人物だというのだ。さらにシェイクスピアは『マクベス』の創作にあたって、ジェームズ自身の話も参考にしたという。

ジェームズにとって、バンクォーが実在したかどうかはどうでもよかった。彼は不人気をかこっていた。スコットランドという異国から突然やってきて王位についた彼に、民衆は冷たかった。しかも、およそ半世紀の間君臨した偉大なる女王の後釜である。彼はことあるごとに、自分の正統性を主張する必要に迫られていた。前に触れたように『マクベス』が上演されたのは、義理の弟であるデンマーク王クリスティアンの御前である。正統性を謳うには、もってこいの場だった。

ジャーナリスト・シェイクスピアと、悪魔学者ジェームズ

『マクベス』には「時事もの」という一面もある。初演の前年に起こり、当時のイングランドを震撼させた「国会議事堂爆破未遂事件」が反映されているのだ。これは、ウェストミンスター寺院内にある国会議事堂をジェームズもろとも爆破しようという、壮大にして無謀な計画だった。

犯人は、カトリックの聖職者や貴族たち。英国国教会を信奉していたエリザベス女王に冷遇されていたカトリック教徒が、エリザベスに引き続いて国教会の堅持を表明したジェームズに不満を抱いての計画だったとされる。だが計画は、実行直前に密告によって発覚。首謀者たちは一網打尽に捕らえられて、残虐な拷問のすえ、「首を吊るされ、去勢され、内臓を引き出され、四つ裂きにされ」るというすさまじい方法で処刑された。この事件により、イングランドのカトリック勢力はほぼ殲滅《せんめつ》されたという。

近年、この大事件は、ほかならないジェームズ側が仕組んだ陰謀だったという説が出ている。支持を固めるために仮想敵を作り、一芝居打ったというのだ。事実だとしたらこれまたすさまじい。かつては一騎討ちで王座が決まった母国スコットランドのストレートなやり方より、はるかに手が込んで、残虐ではないか。

『マクベス』でこの事件の影響が指摘されるのは、第二幕第三場、ダンカン殺しがあった城の中庭で見張りに立つ門番の独白の場だ。殺人が起きた城＝地獄、を守る務めの門番は、酔っ払ってこう言う。「神様のためだと抜かして大逆罪をやらかしたが、二枚舌を使っても、天国に入れなかったのだな」（小田島雄志訳）。

ここで「二枚舌」という言葉が暗示しているのは、国会議事堂爆破未遂事件に連座して処刑された、カトリックのヘンリー・ガーネット神父である。彼は信仰を否定し＝「二枚舌」、罪状を否認して罪を逃れようとしたが果たせず、処刑された。

「国会議事堂爆破未遂事件」は、シェイクスピアにとって、世間一般以上に衝撃的な事件だった。彼の同郷者や縁戚もこの事件にかかわったとして、処刑されているのである。当時の劇作家はジャーナリストとしての役割も期待されていたから、世を騒がせた事件に関係者が連座して処刑されたシェイクスピアが新作でどんな反応をするか、世間は興味津々だったに違いない。

そんな事件を取り上げるからには、シェイクスピアの側にも覚悟があったのではないだろうか。一歩間違えれば、命はないのだから。

ジャーナリスティックな視線を別にしても、「二枚舌」という言葉は、『マクベス』という作品の重要なポイントだ。マクベスに王座をちらつかせながら破滅へと導く魔女の予言は、「二枚舌」の典型である。

『マクベス』で重要な役割を果たす「魔女」は、バンクォーよりはるかに想像上の産物である。一一世紀のスコットランドには、「魔女」など存在しなかった。おどろおどろしく、不気味で、人間の運命を予言する「魔女」。それは前に触れたように、ジェームズの大好物だった。シェイクスピアも魔女の存在は信じていたようだが、それにしても魔女が時に主人公たちを食ってしまうほど強烈な存在感を放つのは、やはりジェームズの好みを考えてのことだろう。

想像上の王の祖先バンクォー（ただしシェイクスピアは、バンクォーの実在を信じていたかもしれないが）や、王の趣味に配慮した魔女たちを操りながら、シェイクスピアは自らの意見表明もさりげなく盛り込んだ。国王一座の劇作家として名声をきわめていたシェイクスピアは、実は一歩踏み外せば転がり落ちるような断崖絶壁の上を歩いていたのである。

歴史は、常に書き換えられる。その時々の、勝者によって。

だが、人間の真理は変わらない。偉大な作品には、成立事情を超えて永遠の時を獲得する「真実」がある。

ヴェルディが愛したシェイクスピアと「恩人」への献呈

ジュゼッペ・ヴェルディのオペラ《マクベス》は、シェイクスピア劇よりおよそ二世紀半後に書かれた。シェイクスピアは一八世紀にドイツなどで再発見されて人気が高まっていたが、一九世紀前半のイタリアではまだまだマイナーで、全集の翻訳がようやく出たばかりだった。イタリアは文化生活の中心が劇場で、識字率も低かったから、ドイツやイギリスと比べて文学自体が盛んではなかったという事情もある。スコットランド出身の大人気作家、ウォルター・スコットのベストセラー小説も、イタリアではオペラの題材になって認知された。人物心理が複雑なシェイクスピア作品は、イタリアの劇場の娯楽としてはちょっと嚙み応えがありすぎたかもしれない。

ヴェルディはイタリア人には珍しく、シェイクスピアに惚れ込んでいた。それは彼の作品が「人間の真実」「人間の心」を表現していると感じたからだった。シェイクスピアのすべての劇作品をオペラ化したいと考えたこともある。結果的に、オペラにしたシェイクスピア作品は《マクベス》《オテッロ（オセロー）》《ファルスタッフ》の三作にとどまったが、どれもが劇的緊張感にあふれた傑作となっている。

《マクベス》の初演版出版譜の表紙

《マクベス》は、シェイクスピアを下敷きとしたヴェルディ・オペラの第一作である。彼はこの作品で、当時のイタリア・オペラの第一の美学である「声」の美より、人間の心理表現を優先した。全曲の山場である、殺人を犯して怯えるマクベスと彼を叱咤《しった》する夫人の二重唱や、錯乱したマクベス夫人の夢遊の場は、状況にふさわしく「小さな声」や、「暗い、くぐもった声」で歌うよう指示された。この時代、劇のシチュエーションがどうであっても、オペラの山場というものは美しくなめらかな声で歌われるのが当然だったから、このような考え方は革新的だった。この点で、《マクベス》はイタリア・オペラ史上画期的な作品である。そしてそうなったきっかけは、ヴェルディが本作を「人類が創造したもっとも偉大な悲劇のひとつ」だとしてのめり込み、その精神を表現したいと考えたことにあった。

だがヴェルディの《マクベス》には、シェイクスピア作品で本質的な部分が抜けている。「二枚舌」を扱った門番の場がないのだ。その代わり、原作にはないスコットランド難民のシーンが挿入され、有名な合唱曲〈虐げられた祖国よ〉が加えられた。マクベスの手を逃れてイングランドから亡命してきたスコットランド人が祖国を思って歌う、悲痛な望郷の歌である。これは、「国家統一運動」に燃えた時代だからこそ挿入された曲だと言われる。場所と時代が違えば、重視されることも違うのだ。とはいえシェイクスピアの「二枚舌」や「魔女」も、ヴェルディの「抑圧された民」も、当時の「観客」のことを念頭に置いたがための改変だったことは間違いない。

ヴェルディは《マクベス》のスコアを、早世した最初の妻の父、アントーニオ・バレッツィに捧げた。バレッツィは義理の父だっただけでなく、少年時代からヴェルディの才能に注目し、学費を支援したり家に住まわせたりしてくれた恩人だった。ヴェルディにとっては「父であり、恩人であり、友人」だった人物であり、だからこそ「これまでの私のオペラの中でもっとも愛して」いた《マクベス》を捧げたのである。

主君か、恩人か。捧げる対象は違っても、マクベスという人物は、二人の偉大な創作者の手によって新たに造形され、永遠の生命を獲得したのである。

復讐譚から毒殺劇、そして「はかない女」へ――ハムレット

《ハムレット》（原語〔フランス語〕読みは《アムレ》）
作曲：アンブロワーズ・トマ
台本：ジュール・バルビエ、ミシェル・カレ
初演：一八六八年　パリ、オペラ座

あらすじ

デンマークのエルシノア城。人々が集まり、国王の結婚を祝っている。国王は不審死を遂げた前王の弟で、王妃は前王の妃、つまり王にとっては義理の姉だった。前王の王子ハムレットは、父の死後二ヶ月で母が叔父と再婚したことを訝《いぶか》しんでいる。真夜中、父王の亡霊が現れ、現王と王妃に毒を盛られて殺されたことを告げ、復讐を果たすようハムレットに命じる。

ハムレットは狂気を装った。恋人のオフェーリアは悲しみ、王と王妃は不審を抱く。ハムレットは宴席で旅回りの一座に無言劇を演じさせるが、その内容は前王殺しのいきさつをなぞったものだった。王は動転し、ハムレットは皆の前で王の罪を告発する。

王妃はハムレットにオフェーリアとの結婚を勧めるが、ハムレットは「尼寺へ行け」とオフェーリアを突き放し、オフェーリアは絶望する。王妃がハムレットの仕打ちをなじると、ハムレットはあなたが犯した罪を知っていると実の母である彼女を責める。王の亡霊が現れ、王妃の命は奪わないようハムレットに命じる。

オフェーリアは狂乱し、川に溺れて絶命した。彼女の死を知らないハムレットは彼女の狂気を悼むが、オフェーリアの葬列が通りかかり、彼女の死を知る。後悔したハムレットは自殺しようとするが、亡霊が現れて復讐を果たせとうながす。ハムレットは父の敵を取り、一同はハムレットの即位を祝う。

デンマークの伝説から生まれた復讐譚――『ハムレット』の原作をめぐって

『ハムレット』は、シェイクスピアの「四大悲劇」の中で一番初めに書かれたとされ、またもっとも長大な作品でもある。父王をその弟の叔父に毒殺され、父の王位と母を奪われたデンマークの王子ハムレットが、父の亡霊に真実を告げられ、叔父を殺して復讐を果たすまでの物語だ。とはいえハムレット自らも決闘相手の毒剣に倒れ、その相手も自らが仕込んだ毒剣で命を落とし、母もそれと知らずに毒杯を仰ぐ。しかもそこに至るまでにハムレットの恋人オフェーリアも、オフェーリアの父ポローニアスも不慮の死を遂げるのだ。

まさに死屍累々《ししるいるい》の悲劇だが、同じように主役たちがぞくぞくと非業の死を遂げる『マクベス』や『リア王』に比べると、それほど凄惨さは感じられない。「人間の数ほど解釈がある」と言われる、内容やキャラクターの面白さゆえだろうか。シェイクスピア劇は台詞の面白さが命だが、『ハムレット』の台詞は四大悲劇の中でもほとばしる力強さが際立っているように感じられる。

多くのシェイクスピア作品同様、『ハムレット』にも原典がある。デンマークの歴史家で詩人のサクソ・グラマティクス（一一五〇頃―一二二〇）が著したデンマークの年代記、『デンマーク人の事績』である（ラテン語。ただし現存するものの大半は後世の写しによる）。博覧強記だったというサクソは、一二世紀のデンマークで活躍した大司教兼政治家で、三代にわたってデンマーク王に仕え、コペンハーゲン建都や布教に尽力したアブサロンの書記を務めており、『デンマーク人の事績』はアブサロンの命令で書かれたらしい。アブサロンは、ヨーロッパの一国として頭角を現しはじめた母国デンマークの歴史を、他国同様書き留めて残したいと願ったのである。アブサロンを尊敬していたサクソはこの依頼に発奮し、一六巻からなる長大な年代記を書き上げた。そのうち一巻から九巻までは伝説的な時代を扱っており、歴史書というより神話伝説の類に近い。この中の第三巻に登場する「アムレート」という人物をめぐる物語が、『ハムレット』のモデルだとされる。

アムレートの父ホルヴェンディルは、弟のフェンゴとともにユトランドの代官を務め、またヴァイキングとしても勇名を馳せていた。ノルウェーの王コレルはホルヴェンディルの武勇を聞き、決闘を挑むが、結果はホルヴェンディルの勝利に終わる。ホルヴェンディルは戦利品の一部をデンマーク王ローリクに献上し、見返りにローリクの娘ゲルータを娶って、一人息子のアムレートをもうけた。

兄の出世を嫉妬したフェンゴはホルヴェンディルを殺し、ゲルータを娶る。アムレートは父の復讐を決意するが、叔父をはじめ周囲に悟られないよう狂気を装った。フェンゴはアムレートの狂気を疑い、ブリタニアに送り込んでブリタニア王の手で殺してもらおうと企てる。アムレートはブリタニア王に宛てたフェンゴの書簡から彼の陰謀を知り、書簡を書き変えて、自分の暗殺を任された従者二人を殺させることに成功。またブリタニア王の信頼を得て、王女を妻に迎えた。

一年後、アムレートはデンマークに帰り、再び狂気を装って自分の葬儀の宴会に乱入する。人々は彼が生きていることに驚いたが、アムレートはそれを笑いの種にした。アムレートは列席者に酒を勧めて酔わせ、酔いつぶれたところを見計らって彼ら、さらにフェンゴを殺して復讐を遂げる。そして人々にこれまでの経緯を説明し、父王の跡を継いでデンマーク王に即位する。

アムレートの物語はまだ続くが、シェイクスピア劇の原型が見られるのはここまでだ。一種の英雄伝説だが、叔父による父殺しと母の略奪婚、狂気を装っての復讐など、主筋はこの伝説に含まれている。ただし結末はハッピーエンドだし、アムレートは剛毅な男で、シェイクスピア劇のように迷ったり悩んだりすることなく、目的のために着実にそして大胆に行動する。父王の「亡霊」が現れたり、彼を唆すこともない。アムレートはすべてひとりで決めて行動するのだ。

ちなみに主な舞台は「デンマークのエルシノア城」となっているが、そのモデルになったのは、デンマークのシェラン島にある「クロンボー城」だとされる。元は一五世紀に建てられた要塞で、ちょうどシェイクスピアの時代、一五八〇年代に改修され、中庭を翼廊が取り囲む現在のような姿になった。バルト海をはさんだ対岸はスウェーデン。海に突き出すように建つ煉瓦色の城には、一年の大半を通じて鉛色の空が垂れ込める。亡霊出現には、うってつけのシチュエーションだ。

エルシノア城のモデルとなった、海に突き出すクロンボー城

とはいえシェイクスピアが、『デンマーク人の事績』そのものを読んだわけではないらしい。彼が読んだ可能性が高いのは、フランスの詩人フランソワ・ド・ベルフォレがフランス語に訳した『悲話集』（一五七〇）である。ベルフォレ作品はイングランドで大流行し、「ハムレット」ブームを巻き起こした。その頃のイングランドではヨーロッパ大陸の文学作品が盛んに輸入され、愛読されていたのである。ちなみにベルフォレ作品は英訳も出ているが、『ハムレット』初演後の一六〇八年なので、シェイクスピアは目を通していない。

さらに、現存しないが、一六世紀末にはロンドン周辺で『ハムレット』という名前の悲劇が上演されていたらしい証拠がある（これは「原ハムレット」と呼ばれる）。一般にはT・キッドという作者の作品とされるが、シェイクスピア自身の作品ではないかと推測する向きもある。ともあれ、デンマークの王子ハムレットの復讐譚は、当時のロンドンで人気の題材だったのである。

シェイクスピアは、自作の劇のほとんどを既存の材料から構想した。舞台のほとんどは外国で、時代も過去に設定されているものが大半だ。だがシェイクスピアが実際に描いたのは、彼が生きている時代そのものだった。彼にとって「原作」は素材でしかなかった。シェイクスピアは自らのメッセージを伝えるために「原作」に徹底的に手を入れ、換骨奪胎して独自の世界を築いたのである。

ハッピーエンドから凄惨な毒殺劇へ――変更の背景にあった怪死事件

ハッピーエンドどころか、凄惨な悲劇に仕立てられてしまったシェイクスピアの『ハムレット』だが、シェイクスピア劇の「死」には共通点がある。みな「毒」で殺されてしまうのだ。『ハムレット』は毒殺劇」（イギリス文学者の石井美樹子氏）と言われるのももっともである。

だが、当時のイングランドでは毒殺は禁じられていた。毒殺禁止令を出したのは、テューダー朝を興したヘンリー七世だが、その息子のヘンリー八世はとりわけ毒殺を嫌い、毒殺を行った人間は釜茹でという残虐きわまりない方法で処刑したほどだった。シェイクスピアが『ハムレット』を発表した当時（一六〇三年？）でも、もちろん禁止令は受け継がれていたのである。なぜシェイクスピアは、危険を冒してまで「毒殺」にこだわったのだろうか。

その背景には、おそらくある重要人物の怪死事件が関わっている。

一五九四年四月、ひとりの大貴族が謎の死を遂げた。ダービー伯爵、ファーディナンド・スタンリー。ダービー家は北イングランドに広大な領地を持つ名門貴族で、第一代ダービー伯トーマス・スタンリーは、バラ戦争でそれまで仕えていたリチャード三世を裏切ってヘンリー七世の側につき、テューダー朝の実現に貢献した功労者でもあった。五代目にあたるファーディナンドは、父である第四代ダービー伯爵ヘンリーがヘンリー八世の妹の孫娘を娶ったため、母を通じてテューダー朝の王位継承権を獲得し、次期国王の有力候補となっていた。その頃王位にあったエリザベス一世は周知の通り独身で、後継者を指名していなかったからである。

だがファーディナンドは、エリザベスの宮廷の有力者たちから警戒されていた。彼の領地である北イングランドはカトリック色の濃い土地柄だったのに対し、エリザベスの宮廷の有力者たちは、一番の重臣だったロバート・セシルをはじめプロテスタント（＝イギリス国教会。以下同）一派で占められていた。エリザベスの父ヘンリー八世がイギリス国教会を興して以来、カトリックと国教会の対立は当時のイングランドの政治を左右する最大要因だった。エリザベスの腹違いの姉で前代のイングランド女王だったメアリー一世は熱心なカトリックで、国教会の信徒を迫害して数百人を処刑し、「ブラディ・メアリー＝血まみれのメアリー」と呼ばれた。エリザベスの代になり、イングランドは再び国教会の国になるが、彼女の治世にもカトリックと国教会の対立はくすぶりつづけた。エリザベスの血縁で、反乱を起こされてイングランドに亡命してきたスコットランド女王メアリー・ステュアートが処刑された一番の理由も宗教である。スコットランドはカトリック教国だったため、カトリック教徒のメアリーはたびたびイングランドのカトリック教徒からイングランド女王にかつがれそうになり、自身も乗り気だったので、エリザベスの側近に危険視されて陰謀を企まれ、反乱罪に問われたのだった。国教会一派にとって、カトリック教徒は自分たちの権力を揺るがす最大の脅威だったのである。

ファーディナンド自身はカトリックから距離を置き、女王に忠誠心を表明しつづけるなど慎重に行動していたが、カトリック教徒から見れば希望の星だった。ファーディナンドが国王になれば、カトリックへの迫害がやむかもしれない。だがエリザベスの側近たちにとっては、そんな筋書きは悪夢以外の何ものでもなかった。

そんなファーディナンドが、突然怪死したのである。数日前まで「ぴんぴんしていた」（ある医師の証言）にもかかわらず。

治療にあたった四人の医師は、揃って「砒素《ひそ》による死」だと断定した。全身をかさぶたで覆われ、腐った肉のようになり、絶命まで時間がかかる病状が、砒素を盛られたそれと同じだったからである。その場にいた秘書も、毒殺死だという報告書を当局に提出した。法律で禁じられている毒殺である。鉛の棺に入れられ、スタンリー家の墓所に納められたファーディナンドの遺体は、悪臭がひどく、弔問客を寄せつけなかったという。巷《ちまた》にはいち早く、毒殺の噂が流れはじめた。

エリザベスはどう対応したのだろうか。

彼女が命じたのは、真相究明のための第三者委員会を作ることだった。だが委員に任命されたのは、彼女の腹心ばかり。彼らが出した結論は、ファーディナンドは「魔術で呪い殺された」。「ジェーン」という魔女が犯人だと名指しされ、逮捕された。医師と秘書の報告書は握りつぶされ、バークレー城の金庫にしまい込まれた。さらに秘書たちは投獄されてしまったのである。

ファーディナンドの怪死の四ヶ月後、彼の弟で、第六代のダービー伯爵となったウィリアムが華燭《かしょく》の典をあげた。相手はなんと、セシルの孫娘。兄の死によって、ウィリアムには伯爵の地位と有力者の娘との結婚という、二つの宝が転がり込んだ。誰が一番得をしたかは明らかだろう。

ごく最近になって、バークレー城の金庫からその時の報告書が発見された。正確な下手人はわからないながら、ファーディナンドの死が毒殺だったことがほぼ証明されたのである。

ファーディナンドの死を、シェイクスピアは劇団の巡回興行をしていた旅先で知った。シェイクスピアは、衝撃を受けたに違いない。というのもファーディナンドは芸術、とりわけ詩や演劇の愛好家で、シェイクスピアのパトロンでもあった。シェイクスピアは、ファーディナンドがダービー伯爵に叙せられる前、ストレンジ男爵を名乗っていた時代に結成した劇団のストレンジ一座で、作品を発表していたのだ。初期の傑作『じゃじゃ馬ならし』や『リチャード三世』といった作品は、ファーディナンドの庇護の下に書かれたのである。ストレンジ一座は、ファーディナンドがダービー伯爵になるとダービー一座となり、ファーディナンドの死後は宮内大臣ハンズドン卿が引き受け、「宮内大臣一座」となった。シェイクスピアはこの「宮内大臣一座」で座付き作家となり、数々の傑作を発表して、大活躍を繰り広げることになる。『ハムレット』は一六〇三年頃に発表されたと推測されている。パトロンの死からほぼ一〇年後だ。シェイクスピアはその間、構想をあたためていたのだろう。「毒殺」が異例に多用されたのは「パトロンを殺された怒り」のなせるわざであり、「パトロンへの恩返し」（石井氏）だという。説得力のある説である。劇中に旅役者一座の場面が盛り込まれたのも、当時の自分たちの境遇の反映だろう。

一方シェイクスピアは『ハムレット』で、カトリック、国教会のそれぞれに配慮をこらしている。物語では亡き父王の「亡霊」が重要な役割を果たすが、「亡霊」という存在は国教会では認められていない。「亡霊」は煉獄で苦しんでいると告白するが、「煉獄」はカトリックにしか見られない概念だ。一方で、ハムレットが留学していることになっているドイツのヴィッテンベルク大学は、宗教改革の創始者マルティン・ルターの本拠地だった大学で、いわば新教＝プロテスタントの総本山だった。シェイクスピアは、どちらからも疑われないように、さまざまな伏線をはりめぐらしていたのである。

謎多い毒殺劇『ハムレット』。シェイクスピアは身の危険を冒して、世間に衝撃を与えた怪死事件の裏側に迫ろうとしたのだった。

原作を「意訳」したオペラはなぜ成功したか

『ハムレット』はオペラ化の数が比較的多いシェイクスピア劇である。わかっているだけでもおよそ三〇作のオペラが生まれているが、現在オペラハウスで上演されているのは、ここに挙げたトマの作品くらいではないだろうか。とはいえ、レパートリーになっていると言えるほどひんぱんに上演されているわけでもない。

だが、《ハムレット》は見応え聴き応え満点のオペラである。大合唱に始まり、ハムレットとオフェーリアの甘い愛の二重唱、不気味な亡霊出現のシーン、酒を讃えるハムレットのシャンソン、王夫妻の罪を告発する無言劇のシーン、ハムレットと実母でもある王妃の息詰まるような告発の二重唱、オフェーリアの狂乱の場と見せ場満載だ。宮廷劇なのでファンファーレも多用されて華を添え、前王の毒殺を描く無言劇の場面ではオペラに初めて導入されたと言われるサクソフォンが効果を発揮する。楽器の使い方も冒険的なのだ。

トマ《ハムレット》パリ初演時のポスター

なのになぜ、《ハムレット》は上演されにくいのだろうか。

ひとつの理由は、シェイクスピアの原作とあまりにもかけ離れていることにあるのではないだろうか。登場人物やエピソードが大幅に削られているのは、コンパクト化が必要なオペラだから仕方ないとしても、結末がまるで違う。復讐劇で死ぬのは王のクローディアスだけで、ハムレットは死なず、彼の新王即位を祝う万歳で全曲は終わる。母のガートルードも決闘相手のレアティーズも死なない。レアティーズとの決闘に毒が使われることもない。毒殺の場面は劇中劇だけだ。

オペラ初演の翌年、シェイクスピアの母国イギリスのロンドンで本作が上演されることになった時は、さすがに手が加えられ、ハムレットが自殺する幕切れが作られた。ただし、このヴァージョンが本当にロンドンで上演されたかどうかは不明らしい。

ハムレットが死なない結末になったのには理由がある。当時のパリでは、ちょっとした「ハムレット」ブームが起きていた。きっかけはウィリアム・アボット率いるイギリスの一座が、一八二七年にパリのオデオン座で上演した『ハムレット』の大成功である。とりわけ、オフェーリアを演じたハリエット・スミスソンは大評判になった。アイルランド生まれの彼女は、訛りのせいでロンドンでは成功できなかったのだが、パリで人気に火がついたのである。「オフェーリア」は一九世紀に流行した「はかない女＝femme fragile」の代名詞になり、パリの街では「オフェーリア風」の髪型やドレスが大流行した。トマの《ハムレット》は原作よりオフ

オフェーリアを演じるハリエット・スミスソン
（フランス国立図書館蔵）

エーリアの存在感が大きいが、その背景にパリにおける「オフェーリア」ブームがあったのは確実だろう。加えて、プリマドンナが超絶技巧を披露する場として人気があった「狂乱の場」を組み込むには、オフェーリアというキャラクターはうってつけだった。

ちなみに「はかない女」の対極は「運命の女＝femme fatale」（または「魔性の女」などとも訳される）である。こちらの代名詞となっているキャラクターは、カルメンやサロメといった男を滅ぼす悪女だ。

スミスソン自身のその後の運命には、「運命の女」と「はかない女」の両面が同居している。きっかけは彼女にとっての「運命の男」、作曲家のエクトル・ベルリオーズである。ベルリオーズはスミスソンのオフェーリアやジュリエットに熱狂し、彼女のストーカーと化した。だが冷たくあしらわれて絶望した彼は、彼女を主題に《幻想交響曲》を作曲。それがきっかけで最終的にスミスソンを射止め、結婚する。だがスミスソンの人生のピークはここまでだった。結婚生活は不幸で、長男をもうけたものの二人はすぐ別居する。人気作曲家になりつつあったべルリオーズは若い歌手と同棲。スミスソンは怪我や脳梗塞に悩まされたあげく、五四歳で世を去った。

スミスソンは消えても、「ハムレット」ブームは続いた。『ハムレット』のフランス語訳は、一七六九年にデュシスが初訳したものが使われていたのだが、ベルリオーズ同様アボット一座のシェイクスピア劇に感動した人気作家アレクサンドル・デュマ（大デュマ）が、フランス語訳にチャレンジする。デュマは英語があまり得意ではなかったため、弟子のポール・ムーリスが翻訳作業に加わった。

デュマ版『ハムレット』は一八四七年に出版され、大ヒットする。だが内容は、今日から見れば相当の「意訳」だった。フォーティンブラスなど一部の登場人物や、いくつかの場面やエピソードが削られた。だが何より信じがたいのは、結末の変更だろう。ハムレットは生き延びるのだ。ガートルードやクローディアスやレアティーズは、それぞれ前王の亡霊に呪いの言葉を吐かれながら死んでいくのだが。

オペラの台本を書いたジュール・バルビエとミシェル・カレは、このデュマ版を参考にした。結末の改変は、その結果である。聴衆のほうも、パリで人気のデュマ版になじみがあったことだろう。バルビエとカレはパリの人気台本作家で、聴衆の好みをよく知っていた。オペラ《ハムレット》は大成功を収め、その二年前に初演されてこちらも大成功を収めていた《ミニョン》と並んで、トマの二大ヒットオペラとなる。《ミニョン》の原作はゲーテの『ヴィルヘルム・マイスターの修業時代』だが、こちらも原作とはかなり違う物語になっている。原典主義の今なら批判が噴出するかもしれないが、歴史主義もまだ根づいていなかった当時、原作からの改変は当然のことだった。

トマはゲーテとシェイクスピアを題材にヒットを飛ばしたが、同じようなパターンで同じ時期に同じパリで成功したオペラ作曲家がシャルル・グノーである。グノーの二大ヒット作は、ゲーテの原作の《ファウスト》と、シェイクスピアの原作の《ロミオとジュリエット》。《ファウスト》は一八五九年に、《ロミオ》は《ハムレット》の前年の一八六七年に初演され、いずれも大成功を収めた。トマはグノーの活躍に刺激され、同じ路線で傑作を書いたのである。

しかも台本作家は、四作ともバルビエとカレ。《ファウスト》もまた、タイトルロールよりマルグリートの存在感が目立ったり、原作の第二部を丸々カットしたりと、原作とかなり違うコンセプトのオペラなのだが、こちらも大ヒットとなり、二〇世紀前半までに二〇〇〇回以上の上演を数えた。原作に忠実なオペラだったら、これほどの成功は収められなかったのではないだろうか。

オペラは何より娯楽である。バルビエとカレは、そのことをよく心得たヒットメーカーだった。彼らの台本は、原作との違い云々とは別の次元で価値がある。そしてそれがトマやグノーの見事な音楽を引き出したことも、事実なのである。

推薦ディスク

ヴェルディ《マクベス》

◆キーンリサイド、モナスティルスカ、アチェトほか　パッパーノ指揮　ロイド演出　ロイヤルオペラライブ　オーパスアルテ　二〇一一

キーンリサイドが演じる悩み多きマクベス、モナスティルスカが歌うパワフルなマクベス夫人と主役二人が秀逸。パッパーノの指揮も素晴らしい。今日一般的に使用されるパリ改訂版による上演だが、全曲の幕切れには初演版にある「マクベスの死」のモノローグが挿入されている。

トマ《ハムレット》

◆デグー、ドゥヴィエル、アルヴァロほか　ラングレ指揮　テスト演出　シャンゼリゼ管弦楽団　オペラ・コミック座ライブ　ナクソス　二〇一九

貴重な全曲映像。フランスが生んだ注目のソプラノ、ドゥヴィエルが歌うオフェリ（オフェーリア）が聴きもの。演出はモダンだが美しい。

あとがき

これは、革命の音楽だ。

二〇一四年の秋、テオドール・クルレンツィスが指揮する《フィガロの結婚》のCDを聴いた瞬間、《フィガロの結婚》という作品を取り囲む景色が一変した。嵐のように沸き起こる序曲。大胆な強弱やロックンロールのようなリズム感。あっと驚くような装飾やおびただしい即興。巻き込まれ、圧倒されているうちに、「時代」が見えた。フランス革命という時代が。

《フィガロの結婚》が革命直前に書かれたこと、特にボーマルシェの原作がフランス革命の空気を反映していることは頭では理解していたつもりだが、クルレンツィスの演奏を聴いて腑に落ちた。さらにクルレンツィスが《フィガロの結婚》について語った言葉を読んでうなずいた。彼は決して奇をてらっているわけではなく、モーツァルトの自筆譜をくまなく研究し、前後数世紀の演奏法を実践した結果、このような刺激的な演奏にたどり着いたのだ。

本書『オペラで楽しむヨーロッパ史』の直接の出発点は、そこにある。あの時、モーツァルトの三大オペラを「フランス革命」という視点から見直したいという考えが芽生えたのだった。

その「フランス革命」が引き金になったのが、続く一九世紀に起こったイタリアとドイツの統一である。この二ヶ国を代表し、同時に一九世紀の二大オペラ作曲家であるヴェルディとワーグナーは、まさに統一の時代を生きた。彼らと「統一」との関係を俯瞰することが、面白くないわけがない。

この二人に関しては、「統一」との関連における受け止め方に修正の余地があるように思う。ヴェルディは「政治」との関係が強調されすぎており、ワーグナーは、少なくとも日本においてはその逆のように感じるのだ。

日本も含め、ヴェルディは自国の内外で、何かと「国家統一運動（リソルジメント）」と結びつけられる作曲家だが、第二章で述べたように、ロッシーニやベッリーニをはじめ、ヴェルディ以外にも「愛国的」な作品を書いた作曲家は大勢いた。ヴェルディのオペラの本当の魅力は「人間」を描いているところにあり（例えば彼のオペラの中でもっとも愛されている《椿姫》は、「国家統一運動」とは関係がない）、政治的な鼓舞は、あったとしてもポーズに過ぎないものがほとんどだ。リソルジメントと過剰に関連づけられることにより、ヴェルディのオペラの本来の魅力が覆い隠されてしまうのは残念である。ヴェルディをリソルジメントと結びつける傾向は、当然なのだろうが母国のイタリアでより強い。

ワーグナーもまた、母国のドイツを中心に政治的な作曲家だと受け止められている。それは何より、ワーグナー自身が公言もした彼自身の反ユダヤ主義に負っている。ワーグナーの場合より微妙なのは、そのために第二次世界大戦でナチスに利用されたという現代史の闇があるからだ。この点は、日本でももう少し意識されてもいいように思う。彼の音楽の圧倒的な価値は別として、一部のドイツ人がいまだにワーグナーに足を向けない理由はそこにある、ということは、知っておいてしかるべきことだからだ。

第四章から第六章にかけては、概ねひとつの作品に集中してその背景を読み解いた。「ジャンヌ・ダルク」という歴史上の人物の受容史は、数世紀にわたるフランスそしてヨーロッパの歴史と深く関わっており、その変遷はオペラをはじめとする音楽劇にも反映されている。本書のためにジャンヌゆかりの地を訪ねたことも、印象に残る思い出となった。《蝶々夫人》という傑作を生んだジャポニスムも、また歴史の必然で生まれている。そしてシェイクスピアは、歴史を扱いながら自分の生きている時代に鋭い目を向けた。彼のほぼ二世紀後に、ヘンデルもオペラで同じことをやったのだった。

フランス革命はオペラにも多大な影響を与えた。フランス革命を境にオペラの観客は貴族からブルジョワになり、題材も様変わりした。現在、オペラハウスで上演されているオペラの主要なレパートリーは一九世紀の作品だ。フランス革命が出発点となった自由や民主主義といった概念が、大国の独裁的な為政者たちのもとで揺らいでいる今、オペラを手がかりにフランス革命を振り返ってみるのも一興ではないだろうか。

本書も多くの方のお世話になった。特に第六章のシェイクスピアをめぐる時代状況に関しては、イギリス文学者の石井美樹子先生に多くの示唆をいただいた。石井先生のご教示がなければ、第六章がこのような内容になることはなかっただろう。心からお礼を申し上げたい。

また、カルチャーセンターをはじめ各所で筆者の講座を受講してくださっている方々にもお礼を申し上げたい。本書で取り上げた内容のほとんどは、講座で話したことがベースになっている。その際の受講生の方々の反応は、本書を書く大きな原動力となっている。ありがたいことである。

そして、遅々として進まない原稿に根気強くお付き合いくださり、「面白い」というエールで背中を押してくださった平凡社の岸本洋和さん、本当にありがとうございました。ようやく、一五人目の子供を世に送ることができました。

二〇二〇年一月

加藤浩子

参考文献抄

概説

西原稔『世界史でたどる名作オペラ』東京堂出版　２０１３

第一章

シャイエ『魔笛――秘教オペラ』高橋英郎、藤井康生訳　白水社　２０１１

チャンパイ、ホラント編『名作オペラブックス１フィガロの結婚』音楽之友社　１９８７

――『名作オペラブックス５魔笛』音楽之友社　１９８７

――『名作オペラブックス21ドン・ジョヴァンニ』音楽之友社　１９８８

ティルソ・デ・モリーナ『セビーリャの色事師と石の招客』佐竹謙一訳　岩波文庫　２０１４

ブリスヴィル『ボーマルシェ――フィガロの誕生』山岸貴久美訳　キネマ旬報社　１９９７

ボーマルシェ『フィガロの結婚』石井宏訳　新書館　１９９８

――『セビーリャの理髪師』鈴木康司訳　岩波文庫　２００８

ホノルカ『『魔笛』とウィーン――興行師シカネーダーの時代』西原稔訳　平凡社　１９９１

モリエール『ドン・ジュアン』鈴木力衛訳　岩波文庫　１９７５

岡田暁生『恋愛哲学者モーツァルト』新潮選書　２００８

鈴木康司『闘うフィガロ――ボーマルシェ一代記』大修館書店　１９９７

立川孝一『フランス革命――祭典の図像学』中公新書　１９８９

田之倉稔『モーツァルトの台本作者――ロレンツォ・ダ・ポンテの生涯』平凡社新書　２０１０
辻昌宏『オペラは脚本から』明治大学出版会　２０１４
西川尚生『モーツァルト』音楽之友社　２００５
松浦義弘『フランス革命の社会史』山川出版社　１９９７
松田聡『フィガロの結婚――モーツァルトの演劇的世界』ありな書房　２００９

第二章

ウルフ『イタリア史――１７００―１８６０』鈴木邦夫訳　法政大学出版局　２００１
北原敦編『イタリア史』山川出版社　２００８
髙崎保男『ヴェルディ全オペラ解説』全３巻　音楽之友社　２０１１―１５
長木誠司責任編集『季刊　エクスムジカ　第5号　もっとヴェルディ！（特集　ヴェルディとイタリア・ナショナリズム）』ミュージックスケイプ　２００１
永竹由幸『ヴェルディのオペラ――全作品の魅力を探る』音楽之友社　２００２
藤沢房俊『匪賊の反乱――イタリア統一と南部イタリア』太陽出版　１９９２
水谷彰良『新イタリア・オペラ史』音楽之友社　２０１５
Pauls, B., *Giuseppe Verdi und das Risorgimento*, Berlin, Akademie Verlag, 1996.

第三章

ケーラー『ワーグナーのヒトラー――「ユダヤ」にとり憑かれた預言者と執行者』橘正樹訳　三交社　１９９９
チャンパイ、ホラント編『名作オペラブックス16　タンホイザー』音楽之友社　１９８８

――『名作オペラブックス23 ニュルンベルクのマイスタージンガー』音楽之友社 1988
ハンゼン『図説 ワーグナーの生涯』小林俊明訳　アルファベータ　2012
マレック『ワーグナーの妻コジマ』伊藤欣二訳　中公文庫　1988
ワーグナー『タンホイザー』日本ワーグナー協会監修　三宅幸夫、池上純一編訳　五柳書院　2012
――『ニュルンベルクのマイスタージンガー』日本ワーグナー協会監修　三宅幸夫、池上純一編訳　白水社　2007
――『ワーグナー著作集』第1巻　三光長治監修　三光長治、高辻知義、池上純一訳　第三文明社　1990
佐藤優、片山杜秀『現代に生きるファシズム』小学館新書　2019
鈴木淳子『ヴァーグナーの反ユダヤ思想とナチズム――『わが闘争』のテクストから見えてくるもの』アルテスパブリッシング　2015
――『ヴァーグナーと反ユダヤ主義――「未来の芸術作品」と19世紀後半のドイツ精神』アルテスパブリッシング　2011
広瀬大介『帝国のオペラ――《ニーベルングの指環》から《ばらの騎士》へ』河出ブックス　2016
吉田寛『ヴァーグナーの「ドイツ」――超政治とナショナル・アイデンティティのゆくえ』青弓社　2009
吉田真『ワーグナー』音楽之友社　2005

第四章

ダウナー『マダム貞奴――世界に舞った芸者』木村英明訳　集英社　2007
ロチ『お菊さん』野上豊一郎訳　岩波文庫　1929
岩田隆『ロマン派音楽の多彩な世界――オリエンタリズムからバレエ音楽の職人芸まで』朱鳥社　2005

小川さくえ『オリエンタリズムとジェンダー――「蝶々夫人」の系譜』法政大学出版局　2007
神山彰編『演劇のジャポニスム』森話社　2017
楠戸義昭『もうひとりの蝶々夫人――長崎グラバー邸の女主人ツル』毎日新聞社　1997
齋藤希史編『日本を意識する――東大駒場連続講義』講談社選書メチエ　2005
萩谷由喜子『『蝶々夫人』と日露戦争――大山久子の知られざる生涯』中央公論新社　2018
羽田美也子『ジャポニズム小説の世界――アメリカ編』彩流社　2005
東田雅博『シノワズリーか、ジャポニスムか――西洋世界に与えた衝撃』中公叢書　2015
日高昭二編『表象としての日本――移動と越境の文化学』御茶の水書房　2009
馬渕明子『ジャポニスム――幻想の日本』ブリュッケ　2015（新版）
――『舞台の上のジャポニスム――演じられた幻想の〈日本女性〉』NHKブックス　2017
宮崎克己『ジャポニスム――流行としての「日本」』講談社現代新書　2018

第五章

シルレル『オルレアンの少女』佐藤通次訳　岩波文庫　1951
ペルヌー、クラン『ジャンヌ・ダルク』福本直之訳　東京書籍　1992
ペルヌー編著『ジャンヌ・ダルク復権裁判』高山一彦訳　白水社　2002
ミシュレ『フランス史〈中世〉』第5巻　桐村泰次訳　論創社　2017
――『ジャンヌ・ダルク』森井真、田代葆訳　中央公論社　1983
伊藤恵子『チャイコフスキー』音楽之友社　2005
上田耕造『図説 ジャンヌ・ダルク――フランスに生涯をささげた少女』河出書房新社　2016

高山一彦『ジャンヌ・ダルク――歴史を生き続ける「聖女」』岩波新書　２００５
高山一彦編訳『ジャンヌ・ダルク処刑裁判』白水社　２０１５（新装版）
堀越孝一『ジャンヌ＝ダルク』朝日文庫　１９９１
――『ジャンヌ＝ダルクの百年戦争』清水書院　２０１７（新訂版）

第六章

ウェルズほか『シェイクスピア大図鑑』河合祥一郎監訳　三省堂　２０１６
キレーン『図説 スコットランドの歴史』岩井淳、井藤早織訳　彩流社　２００２
グラマティクス『デンマーク人の事績』谷口幸男訳　東海大学出版会　１９９３
シェイクスピア『マクベス』小田島雄志訳　白水Ｕブックス　１９８３
――『ハムレット』小田島雄志訳　白水Ｕブックス　１９８３
ミチスン編『スコットランド史――その意義と可能性』富田理恵、家入葉子訳　未來社　１９９８
レンウィック『とびきり哀しいスコットランド史』小林章夫訳　筑摩書房　１９９４
石井美樹子『図説 イギリスの王室』河出書房新社　２００７
岸純信『オペラは手ごわい』春秋社　２０１４
小林麻衣子『近世スコットランドの王権――ジェイムズ六世と「君主の鑑」』ミネルヴァ書房　２０１４
小牧英之『スコットランド歴史紀行』松柏社　２００４
森護『スコットランド王国史話』大修館書店　１９８８
Daugherty, Leo, *The Assassination of Shakespeare's Patron*, Amherst, New York, Cambria Press, 2013.

【著者】
加藤浩子（かとう ひろこ）
東京生まれ。慶應義塾大学文学部卒業、同大学大学院修了（音楽史専攻）。大学院在学中、オーストリア政府給費留学生としてインスブルック大学に留学。音楽物書き。著書に『今夜はオペラ!』『モーツァルト 愛の名曲20選』『オペラ 愛の名曲20選＋4』『ようこそオペラ!』（以上、春秋社）、『バッハへの旅』『黄金の翼＝ジュゼッペ・ヴェルディ』（以上、東京書籍）、『ヴェルディ』『オペラでわかるヨーロッパ史』『カラー版 音楽で楽しむ名画』『バッハ』（以上、平凡社新書）など。著述、講演活動のほか、オペラ、音楽ツアーの企画・同行も行う。

平 凡 社 新 書 9 3 6

オペラで楽しむヨーロッパ史

発行日——2020年3月13日　初版第1刷

著者———加藤浩子

発行者——下中美都

発行所——株式会社平凡社
東京都千代田区神田神保町3-29　〒101-0051
電話　東京（03）3230-6580［編集］
　　　東京（03）3230-6573［営業］
振替　00180-0-29639

印刷・製本—株式会社東京印書館

装幀———菊地信義

ISBN978-4-582-85936-2
NDC分類番号766.1　新書判（17.2cm）　総ページ272
平凡社ホームページ　https://www.heibonsha.co.jp/